职业教育会计专业营改增系列教材

培育会计职业素养
全面推进课程思政

# 小企业财务会计实训

（第四版）

主　编　罗绍明　陈淑贞
副主编　房　琭　李慧德

立信会计出版社
LIXIN ACCOUNTING PUBLISHING HOUSE

图书在版编目(CIP)数据

小企业财务会计实训/罗绍明,陈淑贞主编.—4版.—上海:立信会计出版社,2024.2

职业教育会计专业营改增系列教材

ISBN 978-7-5429-7538-6

Ⅰ.①小… Ⅱ.①罗… ②陈… Ⅲ.①中小企业—财务会计—职业教育—教材 Ⅳ.①F276.3

中国国家版本馆 CIP 数据核字(2024)第 030577 号

策划编辑　　陈　旻
责任编辑　　陈　旻
美术编辑　　吴博闻

### 小企业财务会计实训(第四版)
XIAOQIYE CAIWU KUAIJI SHIXUN

| | | | |
|---|---|---|---|
| 出版发行 | 立信会计出版社 | | |
| 地　　址 | 上海市中山西路 2230 号 | 邮政编码 | 200235 |
| 电　　话 | (021)64411389 | 传　　真 | (021)64411325 |
| 网　　址 | www.lixinaph.com | 电子邮箱 | lixinaph2019@126.com |
| 网上书店 | http://lixin.jd.com | | http://lxkjcbs.tmall.com |
| 经　　销 | 各地新华书店 | | |
| 印　　刷 | 浙江临安曙光印务有限公司 | | |
| 开　　本 | 787 毫米×1092 毫米 | 1/16 | |
| 印　　张 | 9.25 | | |
| 字　　数 | 226 千字 | | |
| 版　　次 | 2024 年 2 月第 4 版 | | |
| 印　　次 | 2024 年 2 月第 1 次 | | |
| 书　　号 | ISBN 978-7-5429-7538-6/F | | |
| 定　　价 | 28.00 元 | | |

如有印订差错,请与本社联系调换

# 第 四 版 前 言

本书是《小企业财务会计》(第四版)的配套用书,有助于教师开展教学,指导学生进行小企业财务会计知识的学习与技能训练。

本书依据《小企业财务会计》(第四版)的章节编写,每章均设计有3个模块,分别是知识提要、实训训练以及职场拓展。其中,知识提要部分提纲挈领地提炼了本章主要内容,帮助学生掌握、记忆本章知识点;实训训练部分设计有判断题、选择题、会计核算题、会计实操题等题型,可实现理论与实训相结合的训练,以培养学生理解与应用小企业会计基础知识的能力,加深学生对小企业会计理论知识的理解,提高学生小企业会计业务核算的技能;职场拓展部分旨在培育学生的会计职业素养。

本书可以作为职业院校会计专业小企业财务会计课程教学的配套用书,可以作为参加国家、省市职业教育会计技能竞赛的辅导教材,以及小企业财务会计人员及对小企业财务会计有兴趣的读者学习、参考和训练用书。

本书由汕头市鮀滨职业技术学校罗绍明、东莞市商业学校陈淑贞任主编,由菏泽市城建技工学校房珱、深圳市宝安职业技术学校李慧德任副主编,参编老师有惠州市博罗中等专业学校黄伟芬、深圳市龙岗区第二职业技术学校叶婉珍、云浮市新兴理工学校李娜、汕头市鮀滨职业技术学校罗绮琳、惠州市博罗中等专业学校陈普。具体分工为:第1至第4章由罗绍明修订,第5至第7章由陈淑贞修订,第8和第9章由房珱修订,第10和第11章由李慧德修订,第12章由黄伟芬修订,第13章由叶婉珍修订,第14章由李娜修订,第15章由罗绮琳修订,第16章由陈普修订。全书由罗绍明统编。

由于编者水平有限,书中若有疏漏之处,恳请读者批评指正。来信请寄:2310325424@qq.com。

编　者

# 前　言

本实训是《小企业财务会计》的配套用书,是为了方便教师开展教学,指导学生进行小企业财务会计知识训练而编写的教学参考用书。本书的特点主要表现为以下几方面。

1. 内容新颖实用,反映营业税改征增值税的财税政策

国务院决定自 2016 年 5 月 1 日起,在全国范围内全面实施营业税改征增值税的财税政策。2016 年 12 月 3 日,财政部印发了《增值税会计处理规定》。基于此,本实训依据最新的营业税改征增值税的财税政策、增值税会计处理规定以及小企业会计准则进行编写,力争体现新颖性与实用性。

2. 强调基础训练,体现职业教育技能训练的职教特色

本实训依据《小企业财务会计》的章节编写训练习题,强化小企业会计基础训练,以培养学生理解与应用小企业会计基础知识的能力,加深学生对小企业会计理论知识的理解,提高学生对小企业会计业务的核算技能。

3. 结构体系清晰,能适应职教学生的学习习惯

本实训采用结构化教材编写模式,依据《小企业财务会计》的项目顺序,按项目编写,每个项目的练习题包括五种题型,分别是判断题、单选题、多选题、会计核算题和会计实操题等,可实现"理论+实训"的训练。

本实训可以作为职业院校会计及会计电算化专业的小企业财务会计课程教学配套用书,也可以作为参加国家、省市职业教育会计技能竞赛的辅导教材,还可以作为小企业财务会计人员和对小企业财务会计有兴趣的读者学习、参考和训练的用书。

本实训由广东省汕头市鮀滨职业技术学校罗绍明任主编,由山东圣翰财贸职业学院房球、广东江门市第一职业高级中学任冰、汕头市澄海职业技术学校谢铨任副主编,参编老师有汕头市鮀滨职业技术学校方佳虹、深圳市龙岗区第二职业技术学校叶婉珍、惠州市工程技术学校李晓华、新兴理工学校李娜、潮州市职业技术学校康建华。具体分工为:第 1 和第 2 章由罗绍明编写,第 3 和第 4 章由房球编写,第 5 和第 6 章由任冰编写,第 7 和第 8 章由谢铨编写,第 13 章由方佳虹编写,第 9 章由叶婉珍编写,第 10 章由

李晓华编写,第11章由李娜编写,第12章由康建华编写。全书由罗绍明统编。

由于编者水平有限,本实训中的缺点与不成熟之处在所难免,恳请读者批评指正并提出意见与建议。谢谢来信!来信请发送至 stluoming@163.com。

编　者

# 目　录

| | | |
|---|---|---|
| 第1章 | 小企业财务会计概述 | 001 |
| 第2章 | 权益资金核算 | 004 |
| 第3章 | 债务资金核算 | 012 |
| 第4章 | 货币资金核算 | 017 |
| 第5章 | 存货核算 | 029 |
| 第6章 | 固定资产核算 | 043 |
| 第7章 | 无形资产核算 | 052 |
| 第8章 | 生物资产核算 | 060 |
| 第9章 | 应付款项核算 | 069 |
| 第10章 | 生产费用核算 | 077 |
| 第11章 | 职工薪酬核算 | 083 |
| 第12章 | 收入核算 | 091 |
| 第13章 | 应收款项核算 | 104 |
| 第14章 | 对外投资核算 | 116 |
| 第15章 | 利润核算 | 124 |
| 第16章 | 财务报表编制 | 131 |

主要参考文献 ············································································· 139

# 第1章 小企业财务会计概述

【知识提要】

1. 小企业是指在我国境内依法设立的,符合《中小企业划型标准规定》(工信部联企业〔2011〕300号)所规定的小型企业标准的企业。《小企业会计准则》适用于在我国境内依法设立的、符合《中小企业划型标准规定》所规定的小型企业标准的企业。

2. 会计基本假设是小企业财务会计确认、计量和报告的前提,是对会计核算所处时间、空间环境等所作的合理设定。会计基本假设包括会计主体、持续经营、会计分期和货币计量。会计信息质量要求包括可靠性、相关性、可理解性、可比性、实质重于形式、重要性、谨慎性和及时性。

3. 小企业财务会计核算的基础是权责发生制。权责发生制要求,凡是当期已经实现的收入和已经发生或应当负担的费用,无论款项是否收付,都应当作为当期的收入和费用,计入利润表;凡是不属于当期的收入和费用,即使款项已在当期收付,也不应当作为当期的收入和费用。

4. 会计要素是根据交易或者事项的经济特征对会计对象所进行的基本分类。小企业财务会计要素按照其性质分为资产、负债、所有者权益、收入、费用和利润。

5. 会计要素计量是指为了将符合确认条件的会计要素登记入账并列报于财务报表而确定其金额的过程。小企业应当按照规定的会计计量属性进行计量,确定相关金额。会计要素的计量属性主要包括历史成本、重置成本、可变现净值、现值和公允价值等。

【实训训练】

一、判断题

1. 只要是符合《中小企业划型标准规定》所规定的小型企业标准的企业都可以执行《小企业会计准则》。（　　）

2. 执行《企业会计准则》的小企业,可以在执行《企业会计准则》的同时,选择执行《小企业会计准则》的相关规定。（　　）

3. 执行《小企业会计准则》的小企业发生的交易或者事项,《小企业会计准则》未作出规定的,可以参照《企业会计准则》中的相关规定进行处理。（　　）

4. 已执行《企业会计准则》的上市公司、大中型企业和小企业,可以转为执行《小企业会计准则》。（　　）

5. 明确界定会计主体是开展会计确认、计量和报告的重要前提。（　　）

6. 利润是指小企业在某一特定会计日期的经营成果。（　　）

7.《小企业会计准则》要求小企业必须按照交易或者事项的法律形式进行会计确认、计量和报告。（　　）

8. 一项会计信息是否具有重要性，关键看该会计信息的省略或者错报是否会影响投资者等使用者据此做出的决策。（　　）

9. 在持续经营前提下，会计确认、计量和报告应当以小企业持续、正常的生产经营活动为前提。（　　）

10. 及时性要求是高质量会计信息的重要基础和关键所在。（　　）

11. 只要经济利益流出本小企业，就应该确认为一项费用。（　　）

12. 符合《中小企业划型标准规定》规定的小企业只可以执行《小企业会计准则》。（　　）

13. 会计核算要以实际发生的经济业务为依据，这体现了相关性的要求。（　　）

14. 股票已在创业板上市的小企业可以执行《小企业会计准则》，也可以执行《企业会计准则》。（　　）

15. 预期会给小企业带来经济利益，就应确认为小企业的资产。（　　）

## 二、单项选择题

1. 小企业按照销售合同销售商品，但又签订了售后回购协议，此时小企业不应当确认销售收入，这遵循的是（　　）要求。
   A. 可靠性　　　　B. 重要性　　　　C. 实质重于形式　　　　D. 谨慎性

2. 会计核算的基本假设除了有持续经营、会计分期、货币计量以外，还有（　　）。
   A. 实际成本　　　　B. 会计主体　　　　C. 配比原则　　　　D. 会计准则

3. 小企业在对会计要素进行计量时，一般应当采用（　　）计量。
   A. 重置成本　　　　B. 现值　　　　C. 公允价值　　　　D. 历史成本

4. 以下属于小企业非流动资产项目的是（　　）。
   A. 银行存款　　　　B. 短期投资　　　　C. 无形资产　　　　D. 应收账款

5. 以下不属于小企业所有者权益项目的是（　　）。
   A. 实收资本　　　　B. 资本公积　　　　C. 营业成本　　　　D. 盈余公积

6. 以下属于小企业流动负债项目的是（　　）。
   A. 销售费用　　　　B. 应交税费　　　　C. 管理费用　　　　D. 短期投资

7. 以下可以执行《小企业会计准则》的有（　　）的小企业。
   A. 股票或债券在市场上公开交易
   B. 已执行《企业会计准则》
   C. 金融机构或其他具有金融性质
   D. 符合《中小企业划型标准规定》所规定的小型企业标准

8. 规定小企业会计确认、计量和报告的空间范围的会计基本假设是（　　）。
   A. 会计主体　　　　B. 持续经营　　　　C. 会计分期　　　　D. 货币计量

9. 小企业在对交易或者事项进行会计确认、计量和报告时，不应高估资产或者收益、低估负债或者费用的要求,是指(　　)。

　　A. 谨慎性　　　　　　B. 重要性　　　　　　C. 可理解性　　　　　　D. 相关性

10. 收入按业务主次的不同,可分为(　　)。

　　A. 营业收入和营业利润　　　　　　B. 营业收入和营业成本

　　C. 主营业务收入和其他业务收入　　D. 销售收入和销售费用

11. 小企业将融资租入固定资产按自有固定资产核算,遵循的是(　　)要求。

　　A. 谨慎性　　　　　　B. 实质重于形式　　　　　　C. 可比性　　　　　　D. 重要性

12. 小企业提供的会计信息应有助于财务会计报告使用者对小企业过去、现在或者未来的情况做出评价或者预测,这体现了会计信息质量要求中的(　　)要求。

　　A. 相关性　　　　　　B. 可靠性　　　　　　C. 可理解性　　　　　　D. 可比性

## 【职场拓展】

### 以天下之至拙,破天下之至巧

　　李春是隋代的石匠。有一次,王员外家要用石头垒墙。经过考核,李春和一个姓孙的石匠同时被招募去了。两人都是远近闻名的石匠,且关系也不错。王员外让他们分别负责两面石墙,规定干完之后给工钱,至于如何选料,都是他们自己负责。

　　两人到山上选好料后,就开始动工了。李春速度较慢,孙石匠进展却很快。没过3天,孙石匠就把墙垒好了,而李春连一面墙都没有垒好。李春感觉不可思议,就去看孙石匠垒的墙,而此时,孙石匠也正在看李春垒的墙。

　　当两个人都看完对方的墙,重新聚在一起时,李春说:"孙兄,我看你垒墙用的都是大石头,这墙不紧固啊!"孙石匠说:"老弟,我说你是死心眼,你还不信,你用小石头打好地基,又用小石头填缝,这样耽误时间,有什么意义呢?"

　　李春说:"地基好,上面的石头才不会塌方;用小石头填缝,石头与石头之间才能更紧密,这墙才能用很多年。"

　　孙石匠连连摇头说:"人家墙用多少年和你有什么关系?你拿的是这次砌墙的钱,就你那认真样,我干三个活儿,估计你连一个活儿也干不完。"李春说:"我们身为手艺人,就要凭良心和手艺吃饭。"

　　没过一年,孙石匠垒的墙就倒了。后来,朝廷招募石匠建桥,王员外担保并推荐了李春。李春没有让大家失望,他主建的赵州桥,历经千年,至今还雄姿不减,巍然屹立在洨河之上。

　　　　　　(资料来源:燕赵任.以天下之至拙,破天下之至巧[J].演讲与口才,2023(4):17.)

　　**思考**:请问该故事道出了怎样的人生哲理?

# 第 2 章　权益资金核算

【知识提要】

1. 所有者权益是指小企业资产扣除负债后由所有者享有的剩余权益,包括实收资本(或股本)、资本公积、盈余公积和未分配利润,其中,盈余公积和未分配利润构成小企业的留存收益。

2. 实收资本是指投资者按照合同协议或相关规定投入小企业,构成小企业注册资本的部分。实收资本的构成比例或股东的股份比例,是确定投资者在小企业所有者权益中份额的基础,也是小企业进行利润或股利分配的主要依据。

3. 小企业收到投资者投入的出资,借记"库存现金""银行存款""固定资产""无形资产"等账户,按照其在注册资本中所占的份额,贷记"实收资本"账户,按实际收到金额超过投资者在小企业注册资本中所占份额的部分,贷记"资本公积"账户。

4. 资本公积是指小企业收到投资者出资额超出其在注册资本(或股本)中所占份额的部分。小企业的资本公积可以用来转增资本,但不得用于弥补亏损。

【实训训练】

### 一、判断题

1. 小企业资本公积可用于转增资本或弥补亏损。　　　　　　　　　　　　　(　　)

2. 《小企业会计准则》下,资本公积包括资本溢价和直接计入所有者权益的利得和损失。
(　　)

3. 实收资本的构成比例是小企业进行利润或股利分配的主要依据。　　　　(　　)

4. 小企业的盈余公积可用于扩大经营,但不可用于弥补企业亏损。　　　　(　　)

5. 小企业用资本公积转增资本,其所有者权益总额不变。　　　　　　　　(　　)

6. 不管小企业期初是否存在未弥补的亏损,当期计提法定盈余公积的基数都是当期实现的净利润。　　　　　　　　　　　　　　　　　　　　　　　　　　　　(　　)

7. 小企业计提法定盈余公积的基数是当年实现的净利润和企业年初未分配利润之和。
(　　)

8. 小企业留存收益包括资本公积和未分配利润。　　　　　　　　　　　　(　　)

### 二、单项选择题

1. 下列各项中,能影响所有者权益总额发生变动的是(　　)。
A. 支付已宣告的现金股利　　　　　　　B. 盈余公积补亏
C. 实际发放股票股利　　　　　　　　　D. 宣告派发现金股利

2. 8月6日,甲公司接受嘉实公司投入材料一批,发票注明的材料价款200万元(不含增值税),嘉实公司占投资后甲公司注册资本的5%,投资前甲公司的注册资本总额2 850万元,则此业务引起甲公司"实收资本"和"资本公积"的变动金额分别是(　　)万元和(　　)万元。

A. 200,0　　　　　B. 150,84　　　　　C. 150,50　　　　　D. 142.5,57.5

3. 2023年1月1日,某小企业所有者权益构成情况如下:实收资本1 000万元,资本公积600万元,盈余公积300万元,未分配利润200万元。2023年实现净利润1 000万元,按10%计提法定盈余公积,按5%计提任意盈余公积,宣告发放现金股利80万元,资本公积转增资本100万元。下列有关所有者权益的表述,正确的是(　　)。

A. 2023年12月31日可供分配利润为1 000万元

B. 2023年12月31日资本公积700万元

C. 2023年12月31日未分配利润为970万元

D. 2023年12月31日留存收益总额为970万元

4. 下列各项中,不属于所有者权益的是(　　)。

A. 递延收益　　　B. 实收资本　　　C. 未分配利润　　　D. 资本公积

5. 2023年7月1日,某小企业所有者权益情况如下:实收资本150万元,资本公积40万元,盈余公积22万元,未分配利润86万元,则该企业2023年7月1日留存收益为(　　)万元。

A. 298　　　　　B. 148　　　　　C. 108　　　　　D. 22

6. 某小企业2023年盈余公积年初余额为60万元,本年实现利润总额400万元,所得税税率25%,无其他调整项目,按净利润的10%提取法定盈余公积,并将盈余公积8万元转增资本,该企业盈余公积2023年年末余额为(　　)万元。

A. 60　　　　　B. 100　　　　　C. 82　　　　　D. 45

7. 乙公司接受永利公司投资转入的原材料一批,原账面价值100 000元,合同约定的价值120 000元,增值税税率13%,已收到永利公司开出的增值税专用发票,并办妥增资手续,占公司注册资本1 000 000元中12%的份额,则该公司实收资本增加(　　)元。

A. 100 000　　　B. 113 000　　　C. 120 000　　　D. 135 600

8. 下列各项中,不会引起实收资本增加的是(　　)。

A. 接受固定资产投资　　　　　　B. 盈余公积转增资本

C. 以存货对甲公司进行投资　　　D. 资本公积转增资本

### 三、多项选择题

1. 以下可以作为确定投资者在小企业所有者权益中份额的依据的有(　　)。

A. 实收资本的构成比例

B. 投资者投资金额与小企业注册资本占比

C. 股东的股份比例

D. 投资者投资金额与小企业资产总额占比

2. 小企业接受投资者投资时,下列账户余额可能会发生变化的有( )。
   A. 盈余公积　　　　B. 资本公积　　　　C. 实收资本　　　　D. 利润分配

3. 下列各项中,应记入"资本公积"账户贷方的有( )。
   A. 无法支付的应付账款
   B. 以资本公积转增资本
   C. 接受投资者以现金投资200万元,其中属于资本溢价的部分80万元
   D. 接受投资者投入一批材料,投资双方确认的价值超过其在注册资本中所占份额的部分

4. 下列各项中,不会引起所有者权益总额发生变动的有( )。
   A. 用盈余公积弥补亏损　　　　　　　　B. 用资本公积转增资本
   C. 股东大会宣告分派现金股利　　　　　D. 为自建固定资产而借入专项贷款

5. 下列各项中,不会引起留存收益总额发生变动的有( )。
   A. 用盈余公积补亏　　　　　　　　　　B. 提取盈余公积
   C. 盈余公积转增资本　　　　　　　　　D. 资本公积转增资本

6. 甲公司收到乙公司投入设备原价100万元(不含税),合同约定设备的价款120万元(不含税),甲公司收到乙公司的投资后,注册资本增至1 000万元,乙公司占其中10%的份额,以下会计处理,正确的有( )。
   A. 实收资本入账金额为100万元　　　　B. 接受投资产生的溢价35.6万元
   C. 实收资本增加120万元　　　　　　　D. 准予抵扣的进项税额15.6万元

7. 下列各项中,不通过"资本公积"账户核算的有( )。
   A. 接受固定资产捐赠　　　　　　　　　B. 无法支付的应付账款
   C. 存货的盘盈　　　　　　　　　　　　D. 资本的溢价

8. 小企业实收资本或股本增加的途径有( )。
   A. 企业宣告分派现金股利　　　　　　　B. 接受投资者现金资产投资
   C. 用盈余公积转增资本　　　　　　　　D. 用资本公积转增资本

**四、会计核算题**

根据以下经济业务,编制有关会计分录。

1. 甲公司收到乙公司作为资本投入的不需要安装的机器设备一台,合同约定该机器设备的价值为200万元,增值税进项税额为26万元,乙公司占投资后甲公司注册资本总额的10%,投资前甲公司"实收资本"账户余额为900万元。

2. 恒利公司注册资本为400万元,出资人甲、乙、丙三公司的出资比例为1∶4∶3。为扩大经营规模,经批准,2023年7月5日,公司注册资本扩大至500万元,甲、乙、丙公司按照原出资比例分别追加现金投资,资金已转入恒利公司;9月28日,经批准,将资本公积和盈余公积中的80万元和40万元转增资本,均已办妥增资手续。

3. 2023年7月26日,某小企业因扩大经营规模需要,经股东大会决议批准,决定以资本公积600 000元转增资本,已办妥增资手续。

**五、会计实操题**(要求完成未填好的原始凭证,填制记账凭证)

1. 2023年9月6日,广东裕美家具有限公司收到深圳益林投资有限公司作为资本金投入的现金投资额460 000元,款项已收存银行,如图2-1至图2-4所示。

图2-1 投资协议书

# 收据

No 0021401

2023 年 9 月 6 日

今收到 深圳益林投资有限公司交来支票一张，作为资本金投入。

金额（大写）：肆拾陆万零仟零佰零拾零元零角零分（¥460000.00）

会计主管：范永建　　复核：杨东梅　　收款人：谢丽华　　单位盖章

第三联 记账

（盖章：广东裕美家具有限公司 收款专用章 4401032562 68024）

图 2-2　收款收据

## 中国建设银行进账单　（回单）　1

2023 年 09 月 06 日

| 出票人 | 全称 | 深圳益林投资有限公司 | 收款人 | 全称 | 广东裕美家具有限公司 |
|---|---|---|---|---|---|
| | 账号 | 12854243482 | | 账号 | 11682674052 |
| | 开户银行 | 中行锦湖支行 | | 开户银行 | 建行东环支行 |

| 金额 | 人民币（大写） | 肆拾陆万元整 | 亿 | 千 | 百 | 十 | 万 | 千 | 百 | 十 | 元 | 角 | 分 |
|---|---|---|---|---|---|---|---|---|---|---|---|---|---|
| | | | | | | ¥ | 4 | 6 | 0 | 0 | 0 | 0 | 0 | 0 |

| 票据种类 | 支票 | 票据张数 | 壹 |
|---|---|---|---|
| 票据号码 | | 12314021 | |
| 复核 | | 记账 | |

（盖章：中国建设银行股份有限公司 广州东环支行 2023.09.06 办讫章 (4)）

此联是开户银行交给持（出）票人的回单

开户银行盖章

图 2-3　银行进账单

## 记 账 凭 证

年　月　日　　　　　　　　　　　　　　　　　　字第　号

| 摘　要 | 总账科目 | 明细科目 | 借方金额 千百十万千百十元角分 | 贷方金额 千百十万千百十元角分 | 账页或√ |
|---|---|---|---|---|---|
|  |  |  |  |  |  |
|  |  |  |  |  |  |
|  |  |  |  |  |  |
|  |  |  |  |  |  |
|  |  |  |  |  |  |
|  |  |  |  |  |  |
| 附属单证　　张 |  | 合计 |  |  |  |

会计主管　　　　　　　记账　　　　　　　审核　　　　　　　制单

图 2-4　记账凭证

2. 2023年9月6日，广东裕美家具有限公司收到广东滨江建材有限公司作为资本金投入的材料一批，滨江公司开出增值税专用发票，发票注明价款259 000元，增值税额33 670元，材料已验收入库，如图2-5至图2-8所示。

## 投资协议书

投出单位：广东滨江建材有限公司

投入单位：广东裕美家具有限公司

广东滨江建材有限公司以木料一批作为资本金投入广东裕美家具有限公司，双方协议确定价值为292 670元，占裕美公司增资扩股后的注册资本1 500 000元中12%的份额。

广东滨江建材有限公司（盖章）　　　　　　　广东裕美家具有限公司（盖章）

2023年9月6日　　　　　　　　　　　　　　2023年9月6日

图 2-5　投资协议书

## 收　料　单

2023年9月6日　　　　　　　　　　　　　　　　　　　　金额单位：元

| 材料名称 | 规格型号 | 单位 | 应收数量 | 实收数量 | 金额 |
|---|---|---|---|---|---|
| 木条 |  | 根 | 4 000 | 4 000 | 64 000.00 |
| 木板 |  | 块 | 3 000 | 3 000 | 195 000.00 |

仓库主管：陈德明　　　　　　　验收：李怡华　　　　　　　收料：朱永材

图 2-6　收料单

| 动态二维码 | 电子发票（增值税专用发票） | | No 282063201 |
|---|---|---|---|
| | 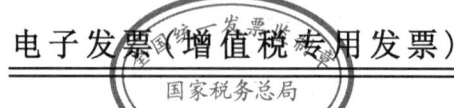 | | 开票日期：2023年09月06日 |

| 购买方信息 | 名称：广东裕美家具有限公司 统一社会信用代码/纳税人识别号： 440103256268024 | 销售方信息 | 名称：广东滨江建材有限公司 统一社会信用代码/纳税人识别号： 440502443243027 |
|---|---|---|---|

| 项目名称 | 规格型号 | 单位 | 数量 | 单价 | 金额 | 税率 | 税额 |
|---|---|---|---|---|---|---|---|
| *林业产品*木条 | | 根 | 4000 | 16.00 | 64000.00 | 13% | 8320.00 |
| *林业产品*木板 | | 块 | 3000 | 65.00 | 195000.00 | 13% | 25350.00 |
| 合　　　计 | | | | | ￥259000.00 | | ￥33670.00 |
| 价税合计（大写） | ⊗贰拾玖万贰仟陆佰柒拾圆整 | | | | （小写）￥292670.00 | | |
| 备注 | | | | | | | |

开票人：张晓波

图2-7　增值税专用发票

## 记　账　凭　证

年　月　日　　　　　　　　　　　　　　　　字第　号

| 摘　要 | 总账科目 | 明细科目 | 借方金额 千百十万千百十元角分 | 贷方金额 千百十万千百十元角分 | 账页或 √ |
|---|---|---|---|---|---|
| | | | | | |
| | | | | | |
| | | | | | |
| | | | | | |
| | | | | | |
| 附属单证　　　张 | | 合计 | | | |

会计主管　　　　　　　　记账　　　　　　　　审核　　　　　　　　制单

图2-8　记账凭证

## 【职场拓展】

### 勇做职场"韧心钢"

何小虎是中国航天科技集团有限公司某研究院数控车工。发动机被誉为火箭的"心脏",何小虎的工作就是对液体火箭发动机的涡轮泵和推力室相关零部组件进行机械加工。

2016年,某型号发动机喷注器架生产遇到"瓶颈",有个精密组件的精度仅相当于头发丝的1/10,在机床上无法测量,试加工合格率仅有20%。

"交给我,我有信心啃下来。"何小虎立下军令状。上手后,他发现攻关"真难",之前车间从未加工过,没任何可借鉴的经验和数据。在两个多月时间里,何小虎天天熬夜查资料、找人讨论,有时正吃着饭,突然想到什么,便放下碗筷就跑回车间进行试验。

经过无数次试验,何小虎提出"设备热稳定性"概念,发挥组件极限加工精度,颠覆传统方法,让产品合格率达到100%,加工效率提升4倍。

面对精度仅相当于头发丝1/10的精密组件这个极限加工难题,何小虎没有逃避推诿,而是迎难而上,夜以继日地攻克难关,让自己攀上了职场生涯的高峰。

(资料来源:何小军.勇做职场"韧心钢"[J].演讲与口才,2023(1):49.)

**思考**:请问该故事道出了怎样的人生哲理?

# 第3章 债务资金核算

## 【知识提要】

1. 债务资金是指小企业依法筹措并依约使用、按期偿还的资金。债务资金主要包括短期借款和长期借款等。

2. 短期借款是指小企业向银行或其他金融机构等借入的期限在1年以下(含1年)的各种借款。短期借款的债权人不仅包括银行,还包括其他金融机构,如小额贷款公司等。小企业向第三方(如单位、个人)借入的款项视同短期借款进行会计核算。

3. 长期借款是指小企业向银行或其他金融机构借入的期限在1年以上(不含1年)的各种借款本金。小企业从银行或其他金融机构取得长期借款时,借记"银行存款"账户,贷记"长期借款"账户。

4. 财务费用是指小企业为筹集生产经营所需资金等而发生的筹资费用。小企业应设置"财务费用"账户,用于核算财务费用的发生和结转情况。

## 【实训训练】

### 一、判断题

1. 小企业向第三方(如单位、个人)借入的款项不能作为短期借款核算。（　　）
2. 小企业短期借款利息费用全部计入财务费用,不需要考虑借款费用资本化问题。（　　）
3. 《小企业会计准则》下,应付未付的长期借款利息通过"长期借款——应计利息"账户核算。（　　）
4. "长期借款"账户期末贷方余额,反映小企业尚未偿还的长期借款本息。（　　）
5. 《小企业会计准则》下,长期借款利息不采用实际利率法计算利息,一律按照合同约定的名义利率进行计算。（　　）
6. 长期借款应当按照借款本金和同期银行存款利率在应付利息日计提利息费用。（　　）
7. 债务资金是指小企业依法筹措并依约使用、按期偿还的资金。（　　）
8. 小企业经过1年期以上的制造才能达到预定可销售状态的产品发生的借款费用应在"制造费用"账户核算。（　　）

### 二、单项选择题

1. 短期借款核算时不涉及的账户是(　　)。
   A. "应付利润"　　　B. "应付利息"　　　C. "财务费用"　　　D. "银行存款"

2. 关于长期借款，下列说法错误的是(　　)。
A. 到期一次还本付息的长期借款计提的利息应增加长期借款账面余额
B. 分期付息的长期借款计提的利息应记入"应付利息"账户的贷方
C. 长期借款利息符合资本化条件的应计入相关资产成本
D. 不符合资本化条件的长期借款利息应计入财务费用

3. 与长期借款利息核算有关的账户是(　　)。
A. "长期借款——应计利息"　　　　B. "应付利息"
C. "应付股利"　　　　　　　　　　D. "应付利润"

4. 小企业向第三方(如单位、个人)借入的款项视同(　　)进行会计核算。
A. 应付利润　　B. 应付利息　　C. 长期借款　　D. 短期借款

5. 长期借款应当按照借款本金和借款合同利率在(　　)计提利息费用。
A. 实际支付利息日　　　　　　　　B. 长期借款日
C. 应付利息日　　　　　　　　　　D. 资产负债表日

6. 小企业发生的汇兑收益，在(　　)账户核算。
A. "营业外支出"　B. "营业外收入"　C. "财务费用"　D. "应付利息"

### 三、会计核算题

1. 2023年6月1日，某小企业向中国建设银行贷得短期借款200 000元，用于购买原材料。借款期限为3个月，年利率为6%，款项已收存银行，到期还本付息。

2. 2023年8月20日，某小企业向建设银行借入一笔生产周转借款，金额为60 000元，期限为2年，年利率为5.8%，所借款项当日划存银行。借款协议约定，该笔借款单利计息、每半年付息一次、到期还本。

3. 利佳公司为扩建厂房，2022年7月20日与银行签订借款合同，向银行借入期限为2年的长期借款5 000 000元，合同约定，借款利率为6%，每年年末付息一次，期满还本，款项于2022年8月1日取得，并存入银行。2022年9月1日，厂房开建并一次性投入5 000 000元，该厂房2023年9月竣工交付使用。

要求：
(1) 编制2022年8月1日取得借款的会计分录。

(2) 2022年12月31日计算应付的借款利息,并编制相关会计分录。

(3) 编制2022年12月31日支付利息的会计分录。

(4) 编制2024年7月31日归还借款本息的会计分录。

**四、会计实操题**(要求完成未填好的原始凭证,填制记账凭证)

1. 2023年9月28日,广东裕美家具有限公司向银行借入为期3年的借款,款项已划入公司存款户,如图3-1和图3-2所示。

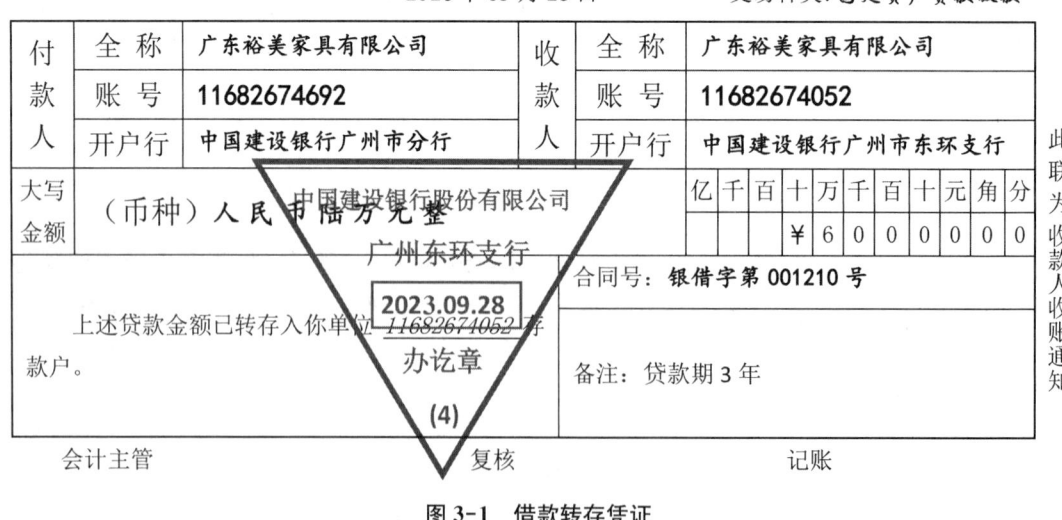

图3-1 借款转存凭证

## 记 账 凭 证

年 月 日　　　　　　　　　　　　　　　　字第　号

| 摘要 | 总账科目 | 明细科目 | 借方金额<br>千百十万千百十元角分 | 贷方金额<br>千百十万千百十元角分 | 账页或√ |
|---|---|---|---|---|---|
|  |  |  |  |  |  |
|  |  |  |  |  |  |
|  |  |  |  |  |  |
|  |  |  |  |  |  |
|  |  |  |  |  |  |
| 附属单证　　张 |  | 合计 |  |  |  |

会计主管　　　　　　　记账　　　　　　　审核　　　　　　　制单

图 3-2　记账凭证

2. 2023 年 10 月 18 日，广东裕美家具有限公司偿还短期借款，如图 3-3 和图 3-4 所示。

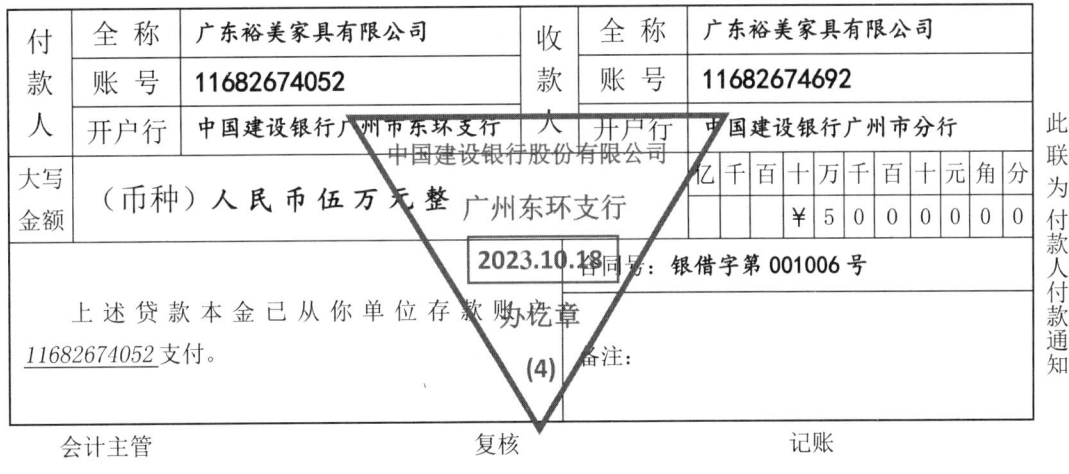

图 3-3　偿还贷款凭证

## 记 账 凭 证

年 月 日　　　　　　　　　　　　　　　　　　　　字第　号

| 摘　要 | 总账科目 | 明细科目 | 借方金额 千百十万千百十元角分 | 贷方金额 千百十万千百十元角分 | 账页或√ |
|---|---|---|---|---|---|
|  |  |  |  |  |  |
|  |  |  |  |  |  |
|  |  |  |  |  |  |
|  |  |  |  |  |  |
|  |  |  |  |  |  |
|  |  |  |  |  |  |
| 附属单证　　张 |  | 合计 |  |  |  |

会计主管　　　　　　　　记账　　　　　　　　审核　　　　　　　　制单

图 3-4　记账凭证

【职场拓展】

### 苏炳添:9秒83!震惊世界!

2012年,苏炳添成功"跑进"奥运会百米赛的半决赛,这是中国第一位晋级奥运会男子百米跑半决赛的选手。在半决赛中,苏炳添在前20米力压群雄,但在20米后的赛程中完全处于劣势。

有人说黄种人取得这样的成绩已经不错了,不可能再突破了。但苏炳添并不这么认为,他决定更换起跑鞋,这样做可以使他更好地控制前程发力,以保证全程的最佳速度。但这一改变,何其困难,就像习惯了右手写字的人突然要换成左手。

苏炳添需要放弃之前的技术,花费很长的时间去适应。那时,苏炳添已经25岁了。他每天练习数百次起跑,即使平时走路也会模仿起跑的样子。

2015年5月的国际田联钻石联赛尤金站,苏炳添以9秒99的成绩夺得季军,成为第一个跑进10秒的黄种人。2018年雅加达亚运会,苏炳添以9秒92的成绩获得冠军,并打破亚运会纪录。2021年东京奥运会上,他更跑出了9秒83的成绩!震惊世界!

(资料来源:海岩.你是向外突还是向内缩[J].演讲与口才,2023(1):46.)

**思考**:请问该故事道出了怎样的人生哲理?

# 第4章 货币资金核算

【知识提要】

1. 库存现金简称现金,是指由出纳员保管并存放于小企业财务部门,用于小企业日常零星开支的货币,包括人民币和外币。现金是流动性最强的资产,小企业必须加强对现金的管理,严格按照国务院颁布的《现金管理暂行条例》的规定,正确进行现金收支的核算。

2. 库存现金限额是指为了保证小企业日常零星开支的需要,允许小企业留存现金的最高限额。这一限额是由开户银行根据小企业的实际需要核定的。一般是按照小企业3~5天的日常零星开支所需的库存现金来核定限额。边远地区和交通不便地区的小企业的库存现金限额,可以多于5天,但不得超过15天的日常零星开支。

3. 现金清查是指清点库存现金,并将现金实存数(现款数)与现金日记账上的余额进行核对。现金清查的目的主要是检查是否存在挪用现金、白条抵库、超限额留存现金以及账实是否相符等。现金清查一般采用实地盘点法。

4. 银行存款是指各单位存放在银行或其他金融机构的各种存款,包括人民币存款和外币存款两种。根据中国人民银行颁布的《人民币银行结算账户管理办法》,小企业可以根据需要在银行开立四种类型的存款账户,包括基本存款账户、一般存款账户、专用存款账户和临时存款账户。

5. 根据中国人民银行颁布的《支付结算办法》,小企业可以采用的银行结算方式包括支票、银行汇票、银行本票、商业汇票、汇兑、委托收款、托收承付和信用卡等。不同的银行结算方式,所适用的区域、能结算的款项、到账时间和手续费等都有所不同,出纳员应熟悉各种支付结算方式,在办理业务时选择合适的结算方式。

6. 银行存款清查是指小企业将银行存款日记账账面记录与银行对账单逐笔核对,做到账实一致。银行对账单余额与本单位银行存款日记账余额经常不一致,出现这种情况,主要有两种可能:一是小企业或银行记录有误,应及时更正;二是发生未达账项,应编制银行存款余额调节表进行调节。调节后的银行存款日记账余额与银行对账单余额应相等。如果不相等,表明双方或一方账面记录有误,存在错账或漏账,需要进一步核对账目,查明原因并更正。

7. 未达账项是指小企业和银行之间由于凭证传递的时间差,造成一方已登记入账,而另一方尚未入账的款项。未达账项具体可分为四种:①小企业已收款入账,而银行尚未收款入账②小企业已付款入账,而银行尚未付款入账;③银行已收款入账,而小企业尚未收款入账;④银行已付款入账,而小企业尚未付款入账。

8. 其他货币资金是指除了库存现金、银行存款的货币资金,包括银行汇票存款、银行本票存款、外埠存款、信用卡存款、信用证保证金存款、备用金和存出投资款等。

【实训训练】

### 一、判断题

1. 现金是指由出纳员保管并存放于小企业财务部门，用于小企业日常零星开支的货币，包括人民币和外币。（　）

2. 按照国务院颁布的《现金管理暂行条例》，小企业不可用库存现金支付个人劳务报酬。（　）

3. 任何情况下，小企业一律不得坐支现金。（　）

4. 小企业为方便现金的存取，可以同时在几个银行开设基本存款账户。（　）

5. 小企业可以通过一般存款账户办理转账结算和现金缴存，但不能支取现金。（　）

6. 银行汇票是银行签发的，承诺自己在见票时无条件支付确定的金额给收款人或持票人的票据。（　）

7. 小企业库存现金限额一般为3～5天的日常零星开支所需的库存现金，可以多于5天，但最长不得超过10天。（　）

8. 只要银行和企业的财务记录都没错，月末银行对账单的存款余额与企业银行存款日记账的余额就应当相等。（　）

9. 商业汇票、银行汇票、银行本票等结算方式均通过"其他货币资金"账户核算。（　）

10. 代售、寄售、赊销商品的款项，不得办理托收承付结算。（　）

### 二、单项选择题

1. 《现金管理暂行条例》规定，现金结算的限额为（　　）元。
A. 500　　　　　B. 1 000　　　　　C. 1 500　　　　　D. 2 000

2. 开户单位支付给个人的款项，超过现金使用限额的部分，可用（　　）支付。
A. 银行本票　　　　　　　　B. 银行汇票
C. 商业汇票　　　　　　　　D. 商业承兑汇票

3. 小企业一般不得从本单位的现金收入中直接支付现金，因特殊情况需要支付现金的，应事先经（　　）审查批准。
A. 本单位负责人　　　　　　B. 财税部门
C. 开户银行　　　　　　　　D. 上级主管部门

4. 某小企业2023年6月签发现金支票一张，从银行提取现金3 000元补足现金限额，会计分录应（　　）。
A. 借记"银行存款"账户　　　B. 借记"库存现金"账户
C. 贷记"库存现金"账户　　　D. 借记"其他货币资金"账户

5. 银行已入账而小企业未入账的未达账项，小企业应当（　　）入账。
A. 按银行对账单　　　　　　B. 按银行存款余额调节表
C. 待有关结算凭证到达后　　D. 按自制原始凭证

6. 支票提示付款期限为自出票日起( )日。
A. 3　　　　　　　　B. 5　　　　　　　　C. 10　　　　　　　　D. 15

7. 下列未达账项中,使得小企业银行存款日记账余额大于银行对账单余额的是( )。
A. 企业开出支票,对方未到银行兑现
B. 银行误将其他公司的存款记入本企业银行存款账户
C. 银行代扣水电费,企业尚未接到通知
D. 委托收款结算方式下,银行收到结算款项,企业尚未收到通知

8. 下列各项中,不属于货币资金核算范围的是( )。
A. 银行存款　　　　　　　　　　　　B. 银行汇票
C. 存出投资款　　　　　　　　　　　D. 商业承兑汇票

9. 以下属于商业汇票的是( )。
A. 商业承兑汇票　　　B. 支票　　　　　C. 银行汇票　　　　D. 银行本票

10. 下列票据中,不可以背书转让的是( )。
A. 现金支票　　　B. 商业汇票　　　C. 银行汇票　　　D. 银行本票

### 三、会计核算题

1. 星际公司 2023 年 6 月发生以下经济业务,请编制相关会计分录。

(1) 1 日,从银行提取现金 10 000 元,以备发工资。

(2) 8 日,销售产品,收到现金货款 1 000 元,增值税额 130 元。

(3) 15 日,员工王红外出预借差旅费 1 500 元。

(4) 19 日,王红出差回来,报销差旅费 1 450 元,多余款项交回。

(5) 21 日,财务部门进行现金清查,发现现金长款 120 元,原因待查。

(6)经核查(5)中现金长款系少付本公司职工的款项。

(7)29日,财务部门进行现金清查,发现现金短款300元,原因待查。

(8)经核查并做出决定,300元现金短款,其中200元系出纳员的责任,应由其赔偿,另外100元无法查明原因。

(9)公司行政部门实行定额备用金制度,1日,财务部门根据核定的备用金金额,拨付现金1 800元;29日,行政部门报销日常零星费用1 650元,财务部门审核无误后,同意报销,并以现金补足备用金定额。

2. 新林公司2023年7月发生以下银行存款收付业务,请编制相关会计分录。
(1)3日,取得短期借款200 000元,已存入银行。

(2)5日,收到产品销售货款22 600元,其中增值税额2 600元,已存入银行。

(3)11日,购入不需安装的设备一台,价款120 000元,增值税额15 600元,款项已付。

(4) 14日,购入材料一批,价款8 000元,增值税额1 040元,材料已验收入库,款项已付。

(5) 20日,接银行通知,本月取得银行存款利息收入5 400元。

(6) 25日,收到银行转来的收款通知,上月委托银行托收的销货款30 000元已收妥。

3. 丰华公司2023年8月末银行存款日记账的余额为50 800元,银行转来对账单余额为47 530元,经过逐笔核对,查明有下列未达账项。
(1) 30日,公司送存银行的转账支票6 200元,银行尚未记账。
(2) 31日,公司开出转账支票780元,但持票单位尚未到银行办理转账,银行尚未记账。
(3) 31日,公司委托银行代收甲公司购货款4 020元,银行已登记入账,但公司尚未收到收款通知,尚未记账。
(4) 31日,银行直接从公司账户扣减水电费1 870元,但公司尚未收到付款凭证,尚未记账。
请根据上述资料编制本月银行存款余额调节表,如表4-1所示。

表4-1　　　　　　　　　　银行存款余额调节表
年　月　日　　　　　　　　　　　　　　　　　金额单位:元

| 项目 | 金额 | 项目 | 金额 |
| --- | --- | --- | --- |
| 企业银行存款日记账余额 |  | 银行对账单余额 |  |
| 加: |  | 加: |  |
| 减: |  | 减: |  |
| 调节后余额 |  | 调节后余额 |  |

**四、会计实操题**(要求完成未填好的原始凭证,填制记账凭证)

1. 2023年7月3日,广东裕美家具有限公司(法定代表人:杨德兴;地址、电话:番禺区东环路120号,56327581;开户行及账号:建行东环支行,11682674052)向广东胜华家具有限公司(地址、电话:花都区新华路72号,36637584;开户行及账号:工行新华支行,11634813054)销售办公桌60张,开出增值税专用发票,款项已收存银行,如图4-1至图4-5所示。

| 动态二维码 | 电子发票（增值税专用发票） | No 231607401 |

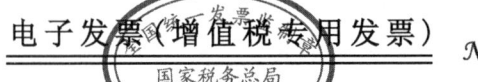

开票日期：2023 年 07 月 03 日

| 购买方信息 | 名称：广东胜华家具有限公司<br>统一社会信用代码/纳税人识别号：<br>440103564568023 | 销售方信息 | 名称：广东裕美家具有限公司<br>统一社会信用代码/纳税人识别号：<br>440103256268024 |
|---|---|---|---|

| 项目名称 | 规格型号 | 单位 | 数量 | 单价 | 金额 | 税率 | 税额 |
|---|---|---|---|---|---|---|---|
| *家具*办公桌 |  | 张 | 60 | 380.00 | 22800.00 | 13% | 2964.00 |
| 合计 |  |  |  |  | ¥22800.00 |  | ¥2964.00 |

| 价税合计（大写） | ⊗贰万伍仟柒佰陆拾肆圆整　　　　　（小写）¥25764.00 |
|---|---|
| 备注 |  |

开票人：王耀林

图 4-1　增值税专用发票

## 产品出库单

2023 年 7 月 3 日　　　　　　　　　　　　　　　金额单位：元

| 产品名称 | 规格 | 型号 | 单位 | 数量 | 单位成本 | 金额 |
|---|---|---|---|---|---|---|
| 办公桌 |  |  | 张 | 60 |  |  |
|  |  |  |  |  |  |  |

仓库主管：陈德明　　　复核：杨东梅　　　发货：朱永材　　　制单：梁芳

图 4-2　产品出库单

## 中国工商银行支票（粤）　　　GS 07024041

出票日期（大写）贰零贰叁年柒月零叁日　　付款行名称：工行新华支行
收款人：广东裕美家具有限公司　　　　　　出票人账号：11634813054

| 人民币（大写） | 贰万伍仟柒佰陆拾肆元整 | 千 | 百 | 十 | 万 | 千 | 百 | 十 | 元 | 角 | 分 |
|---|---|---|---|---|---|---|---|---|---|---|---|
|  |  |  |  | ¥ | 2 | 5 | 7 | 6 | 4 | 0 | 0 |

付款期限自出票之日起十天

用途　支付货款
上列款项请从我账户内支付
出票人签章：广东胜华家具有限公司财务专用章　王德胜

密码　　　　　　　
行号　　　　　　　
复核　　　记账

# 第4章 货币资金核算

| 附加信息： | 被背书人： | 被背书人： |
|---|---|---|
|  |  |  |
|  | 背书人签章<br>年 月 日 | 背书人签章<br>年 月 日 |

图 4-3 转账支票

<u>　　　中国建设银行**进账单**（回　单）　　　</u>　1

年　　月　　日

| 出票人 | 全　称 |  | 收款人 | 全　称 |  | 此联是开户银行交给持（出）票人的回单 |
|---|---|---|---|---|---|---|
|  | 账　号 |  |  | 账　号 |  |  |
|  | 开户银行 |  |  | 开户银行 |  |  |
| 金额 | 人民币<br>（大写） |  |  |  | 亿千百十万千百十元角分 |  |
| 票据种类 |  | 票据张数 |  |  |  |  |
| 票据号码 |  |  |  |  |  |  |
| 复核 |  | 记账 |  |  | 开户银行盖章 |  |

图 4-4 银行进账单

## 记　账　凭　证

年　月　日　　　　　　　　　　　　　　字第　号

| 摘　要 | 总账科目 | 明细科目 | 借方金额<br>千百十万千百十元角分 | 贷方金额<br>千百十万千百十元角分 | 账页或√ |
|---|---|---|---|---|---|
|  |  |  |  |  |  |
|  |  |  |  |  |  |
|  |  |  |  |  |  |
|  |  |  |  |  |  |
|  |  |  |  |  |  |
| 附属单证　　张 |  |  | 合计 |  |  |

会计主管　　　　　　　记账　　　　　　　审核　　　　　　　制单

图 4-5 记账凭证

2. 2023年7月5日,广东裕美家具有限公司会计人员填写银行汇票申请书,向开户银行申请签发银行汇票,收款人为广东利源木材工业公司,如图4-6和图4-7所示。

## 中国建设银行银行汇票申请书(存根)　1

第 01201 号

申请日期2023年7月5日

| 申请人 | 广东裕美家具有限公司 | 收款人 | 广东利源木材工业公司 |
|---|---|---|---|
| 账　号或住址 | 11682674052 | 账　号或住址 | 18722683058 |
| 用途 | 支付采购材料款 | 代理付款行 | |
| 汇票金额(大写) | 人民币　壹拾壹万伍仟陆佰元整 | | ￥115600000（千百十万千百十元角分）|

上列款项请从我账户内支付

申请人盖章：广东裕美家具有限公司财务专用章　杨德兴

科　目（借）
对方科目（贷）

财务主管　　复核　　经办

（中国建设银行银行汇票专用章　440103376268936）

此联出票行给汇款人的回单

图4-6　银行汇票申请书存根联

## 记　账　凭　证

年　月　日　　　　　　　　字第　号

| 摘　要 | 总账科目 | 明细科目 | 借方金额 千百十万千百十元角分 | 贷方金额 千百十万千百十元角分 | 账页或√ |
|---|---|---|---|---|---|
| | | | | | |
| | | | | | |
| | | | | | |
| | | | | | |
| | | | | | |
| 附属单证　　张 | | 合计 | | | |

会计主管　　　　记账　　　　审核　　　　制单

图4-7　记账凭证

3. 2023年7月12日,广东裕美家具有限公司向广东利源木材工业公司(地址、电话:梅州市梅江路6号,8835542;开户行及账号:中行梅江支行,18722683058)采购材料一批,并以本月5日申请的银行汇票结算材料款,如图4-8至图4-10所示。

## 电子发票（增值税专用发票）

动态二维码

No 421061201

开票日期：2023 年 07 月 12 日

| 购买方信息 | 名称：广东裕美家具有限公司<br>统一社会信用代码/纳税人识别号：<br>440103256268024 | 销售方信息 | 名称：广东利源木材工业公司<br>统一社会信用代码/纳税人识别号：<br>440806835268026 |
|---|---|---|---|

| 项目名称 | 规格型号 | 单位 | 数量 | 单价 | 金额 | 税率 | 税额 |
|---|---|---|---|---|---|---|---|
| *林业产品*木条 | | 根 | 2000 | 16.00 | 32000.00 | 13% | 4160.00 |
| *林业产品*木板 | | 块 | 1000 | 65.00 | 65000.00 | 13% | 8450.00 |
| 合计 | | | | | ¥97000.00 | | ¥12610.00 |

| 价税合计（大写） | ⊗ 壹拾万玖仟陆佰壹拾圆整 　　　（小写）¥109610.00 |
|---|---|
| 备注 | |

开票人：陈红娜

图 4-8　增值税专用发票

## 收　料　单

2023 年 7 月 12 日　　　　　　　　　　　　　　　　　　　　　　　金额单位：元

| 材料名称 | 规格型号 | 单位 | 应收数量 | 实收数量 | 金额 |
|---|---|---|---|---|---|
| 木条 | | 根 | 2 000 | 2 000 | 32 000.00 |
| 木板 | | 块 | 1 000 | 1 000 | 65 000.00 |

仓库主管：陈德明　　　　　　　　　验收：李怡华　　　　　　　　　收料：朱永材

图 4-9　收料单

## 记　账　凭　证

年　月　日　　　　　　　　　　　　　　　　　　　　　字第　号

| 摘　要 | 总账科目 | 明细科目 | 借方金额 | | | | | | | | | | 贷方金额 | | | | | | | | | | 账页或√ |
|---|---|---|---|---|---|---|---|---|---|---|---|---|---|---|---|---|---|---|---|---|---|---|---|
| | | | 千 | 百 | 十 | 万 | 千 | 百 | 十 | 元 | 角 | 分 | 千 | 百 | 十 | 万 | 千 | 百 | 十 | 元 | 角 | 分 | |
| | | | | | | | | | | | | | | | | | | | | | | | |
| | | | | | | | | | | | | | | | | | | | | | | | |
| | | | | | | | | | | | | | | | | | | | | | | | |
| | | | | | | | | | | | | | | | | | | | | | | | |
| | | | | | | | | | | | | | | | | | | | | | | | |
| 附属单证　　　张 | | | | | | | | 合计 | | | | | | | | | | | | | | | |

会计主管　　　　　　　　记账　　　　　　　　审核　　　　　　　　制单

图 4-10　记账凭证

4.2023年7月16日,收到退回的银行汇票多余款,如图4-11和图4-12所示。

**中国建设银行**

**银行汇票**(多余款收账通知)　4　汇票号码

| 付款期限 | 壹个月 |
|---|---|

| 出票日期（大写） | 贰零贰叁年柒月零伍日 | 代理付款行：广州建行东环支行 | 行号：01692 |
|---|---|---|---|
| 收款人 | 广东利源木材工业公司 | 账　号：18722683058 | |
| 出票金额 | 人民币（大写）　壹拾壹万伍仟陆佰元整 | | |
| 实际结算金额 | 人民币（大写）　壹拾万玖仟陆佰壹拾元整 | 千百十万千百十元角分<br>¥ 1 0 9 6 1 0 0 0 | |
| 申请人 | 广东裕美家具有限公司 | 账号：11682674052 | |
| 出票行：建行东环支行　行号：01692 | | | |
| 备　注 | 支付采购材料款 | 多余金额<br>百十万千百十元角分<br>¥ 　　5 9 9 0 0 0 | 中国建设银行股份有限公司<br>广州东环支行<br>上述多余金额已存入你单位存款账户<br>2023.07.16<br>复核　办讫章记账 |
| 复核　　　经办 | | | |

此联出票行结算汇票时作多余款收账通知

(4)

图4-11　银行汇票多余款收账通知

### 记　账　凭　证

年　月　日　　　　　　　　　　　　字第　号

| 摘　要 | 总账科目 | 明细科目 | 借方金额 | 贷方金额 | 账页或√ |
|---|---|---|---|---|---|
| | | | 千百十万千百十元角分 | 千百十万千百十元角分 | |
| | | | | | |
| | | | | | |
| | | | | | |
| | | | | | |
| 附属单证　　　张 | | | 合计 | | |

会计主管　　　　　　　记账　　　　　　　审核　　　　　　　制单

图4-12　记账凭证

5.2023年7月16日,广东裕美家具有限公司支付上月电费,如图4-13至图4-15所示。

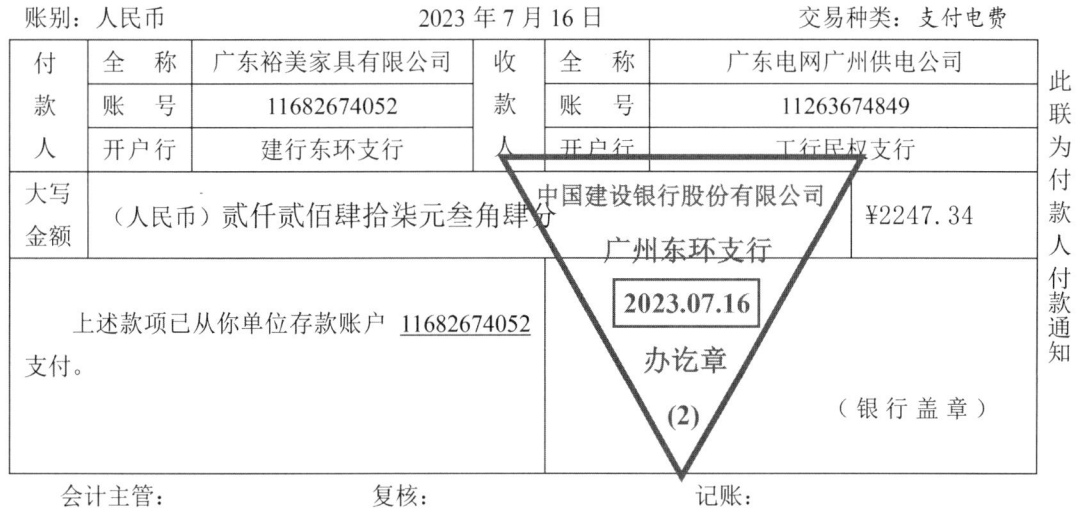

图 4-13 付款通知单

图 4-14 电费发票

## 记 账 凭 证

年 月 日　　　　　　　　　　　　　　　　　字第 号

| 摘　要 | 总账科目 | 明细科目 | 借方金额 千百十万千百十元角分 | 贷方金额 千百十万千百十元角分 | 账页或√ |
|---|---|---|---|---|---|
|  |  |  |  |  |  |
|  |  |  |  |  |  |
|  |  |  |  |  |  |
|  |  |  |  |  |  |
|  |  |  |  |  |  |
|  |  |  |  |  |  |
| 附属单证　　张 |  | 合计 |  |  |  |

会计主管　　　　　　　记账　　　　　　　审核　　　　　　　制单

图 4-15　记账凭证

【职场拓展】

### 严于律己，公私分明

谢希德先生是享誉海内外的著名固体物理学家、我国半导体物理学科的开创者、表面物理学的先驱者和奠基人之一，同时也是中华人民共和国成立后第一位女大学校长。谢希德在担任复旦大学校长期间，总是严于律己、公私分明。当时学校为她配置了小车，她的家里人从来没有享受到"特殊待遇"。

一次，她的弟弟要搭乘飞机去大连，谢希德说："今天我正好用车，你步行一段路就到民航班车点了。"弟弟一听就愣住了。但他深知姐姐的为人，从来不肯占公家半点便宜，所以能理解姐姐的做法。

还有一次，谢希德与舅母通信，信纸的抬头上赫然印着"复旦大学"几个大字，格外显眼。读到信末，又见一行特别说明："这个信纸是我自己花钱买的。"舅母后来对谢希德的弟弟说："你姐姐可真有意思，写封信还要和我声明一下，难道我会怀疑她占用公家信纸吗？"

谢希德之所以受人爱戴，与她这种对自己近乎苛刻的品质有很大关系。谢希德在小事上严以修身，对待弟弟及亲戚也不例外，在她身上，闪耀着自律的皎洁光辉。自律的人能够清晰且强烈地知道自己要什么，并持之以恒去努力。谢希德对毫不起眼的细枝末节都能守好公私界线，真正做到了高风亮节。

（资料来源：陈含晓.谢希德：德高为师，身正为范[J].演讲与口才，2023(4)：12.）

思考：请问该故事道出了怎样的人生哲理？

# 第5章 存货核算

## 【知识提要】

1. 存货是指小企业在日常经营活动中持有以备出售的产品或商品、处在生产过程中的在产品、在生产过程或提供劳务过程中耗用的材料或物料等,以及农、林、牧、渔小企业为出售而持有的、或在将来收获为农产品的消耗性生物资产。确认一项货物是否属于小企业的存货,首先需要符合存货的概念;其次要满足存货确认的两个条件:一是该存货包含的经济利益很可能流入小企业;二是该存货的成本能够可靠的计量。

2. 原材料是指小企业在生产过程中经过加工改变其形态或性质并构成产品主要实体的各种原料及主要材料、辅助材料、外购半成品(外购件)、修理用备件(备品备件)、包装材料和燃料等。原材料的日常核算方法有实际成本法核算和计划成本法核算两种。实际成本法核算是指原材料的日常收入、发出及结存,无论总分类核算,还是明细分类核算,全部按实际成本进行核算。计划成本法核算是指原材料的日常收入、发出及结存,无论总分类核算,还是明细分类核算,全部按计划成本进行核算。

3. 周转材料是指小企业能够多次使用,逐渐转移其价值但仍保持原有形态,不能确认为固定资产的材料。周转材料包括低值易耗品、包装物以及建筑小企业的钢模板、木模板、脚手架等。低值易耗品是指不符合固定资产确认条件的各种用具物品,如工具、管理用具、玻璃器皿、劳动保护用品以及在经营过程中周转使用的容器等。包装物是指为包装本小企业商品或产品而储备的各种包装物,如桶、箱、瓶、坛、袋等。

4. 委托加工物资是指小企业委托外单位加工的各种材料、商品等物资。委托加工物资一般应按实际成本计价核算,其实际成本包括发出加工材料、半成品或商品的实际成本、支付的加工费用、应负担的往返运杂费以及相关税费(但不包括可以抵扣的增值税)。

5. 存货清查是指通过对存货的实际盘点,确定存货的实有数量,并与账面结存数进行核对,从而确定存货实存数与账面结存数是否相符的一种专门方法。存货清查的内容包括核对存货的账存数和实存数,查明盘盈、盘亏存货的品种、规格和数量,查明变质、毁损、积压存货的品种、规格和数量。

## 【实训训练】

### 一、判断题

1. 一般来说,凡是存放在小企业的一切货物,都应确认为小企业的存货。（    ）
2. 小企业取得存货时,应按其成本进行计量,存货取得的途径不同,其成本的构成也有所不同。（    ）

3. 外购存货成本是指小企业物资从采购到入库前所发生的全部支出,包括购买价款、相关增值税、运输费、装卸费和保险费等。（　）

4. 小企业通过进一步加工取得的存货的成本包括直接材料、直接人工以及按一定方法分配的制造费用。（　）

5. 小企业接受投资者投入的存货,其成本应按其历史成本确定。（　）

6. 确定盘盈存货的成本,首先,应当选择该项存货的市场价格;如果该项存货的市场价格不存在,其次,应当选择该类存货的市场价格;如果该类存货的市场价格不存在,再次,应当选择类似存货的市场价格;如果类似存货的市场价格也不存在,则应采用评估价值确定。（　）

7. "在途物资"账户属于资产类账户,适用于采用计划成本法进行材料、商品等物资的日常核算的小企业,核算已购买但尚未到达或尚未验收入库的各种物资的计划采购成本。（　）

8. 小企业可以在制度规定的存货计价方法中,任意选择一种对存货进行计价,一旦选用,不得随意变更。（　）

9. 委托加工物资属于应纳消费税的应税消费品,应由委托方向受托方收货后,自行缴纳消费税。（　）

10. 对于存货的盘盈、盘亏,应填写存货盘点报告(如实存账存对比表),及时查明原因,按规定程序报经股东大会、董事会或经理(厂长)会议批准,盘盈存货实现的收益计入营业外收入,盘亏存货发生的损失计入营业外支出。（　）

## 二、单项选择题

1. 下列各项中,可以确认为小企业存货的是(　)。
   A. 受托加工来料　　　　　　　B. 在途物资
   C. 受托代销商品　　　　　　　D. 约定未来购入的商品

2. 外购存货的成本中的运杂费不包括(　)项目。
   A. 运输费　　B. 保险费　　C. 仓储费　　D. 增值税

3. 2023年7月1日,某小企业结存甲材料300千克,每千克成本为2元;7月20日,购入甲材料200千克,每千克成本2.2元;7月10日和25日,分别发出甲材料100千克和200千克。按先进先出法计价,结存材料的成本为(　)元。
   A. 416　　B. 420　　C. 440　　D. 400

4. 下列各项中,不作为"周转材料——包装物"核算的包装用品是(　)。
   A. 生产使用的包装物　　　　　B. 出借给外单位的包装物
   C. 各种包装材料　　　　　　　D. 出租给外单位的包装物

5. 小企业材料采购途中的合理损耗应计入(　)。
   A. 材料采购成本　　　　　　　B. 管理费用
   C. 财务费用　　　　　　　　　D. 销售费用

6. 小企业对材料的日常核算采用计划成本核算,需要设置的账户是(　)。

A. "在途物资"和"材料采购"  B. "材料成本差异"和"材料采购"
C. "在途物资"和"材料成本差异"  D. "在途物资"和"原材料"

7. 某小企业购入甲材料一批,收到增值税专用发票,注明材料价款为100 000元,增值税额为13 000元,货款已付,但材料尚未运抵企业,则应借记(　　)账户。

A. "银行存款"  B. "在途物资"
C. "原材料"  D. "应收账款"

8. 下列关于小企业存货的说法,正确的是(　　)。

A. 确认一项货物是否属于小企业的存货,只需要满足两个条件:一是该存货包含的经济利益很可能流入小企业;二是该存货的成本能够可靠地计量
B. 外购存货成本的采购费用不包括入库前的挑选整理费用
C. 小企业接受投资者投入的存货,其成本应按评估价值确定
D. 计入存货成本的费用包括运输途中的各种损耗、仓储费和保险费等

9. 甲企业采用计划成本法进行材料的日常核算,月初结存材料的计划成本是120万元,成本差异是超支24万元,当月购入材料一批,实际成本是150万元,计划成本是160万元,当月领用材料的计划成本是120万元,当月领用材料应负担的材料成本差异是(　　)万元。

A. 7  B. 6  C. 5  D. 4

10. 某电力公司(小企业)电力维修车间领用螺丝刀一批,计划成本为3 500元,销售部门领用器皿一批,计划成本为1 500元,厂部领用器槽一批,计划成本为2 000元。该公司对这些低值易耗品采用一次摊销法核算,以下正确的会计分录是(　　)。

```
A. 借:制造费用——维修车间                3 500.00
     销售费用                            1 500.00
     管理费用                            2 000.00
     贷:周转材料——低值易耗品                     7 000.00
B. 借:制造费用——维修车间                3 500.00
     销售费用                            1 500.00
     管理费用                            2 000.00
     贷:原材料                                   7 000.00
C. 借:管理费用                          7 000.00
     贷:周转材料——低值易耗品                     7 000.00
D. 借:制造费用——维修车间                5 500.00
     销售费用                            1 500.00
     贷:周转材料——低值易耗品                     7 000.00
```

### 三、会计核算题

1. 星华公司(小企业)为一般纳税人,2023年7月20日,从B公司购入原材料一批,取得增值税专用发票,注明原材料价款为40 000元,增值税额为5 200元。试根据以下情况,分别编制相关的会计分录。

(1) 发票等结算凭证已收到,货款已通过银行转账支付,材料已运到并验收入库。

(2) 发票等结算凭证已收到,货款已通过银行转账支付,但材料尚未运到。

(3) 材料已运到并验收入库,但发票等结算凭证于 8 月 6 日才收到,经核对无误后公司于当日支付材料款。该批材料的合同价为 35 000 元。

2. 某小企业对甲材料采用计划成本法进行成本核算,甲材料计划成本为 25 元/千克。2023 年 8 月 1 日,甲材料有关账户余额,如表 5-1 所示。

表 5-1　　　　　　　　　甲材料有关账户余额表

| 账户名称 | 账户方向 | 账户余额(元) | 材料数量(千克) |
| --- | --- | --- | --- |
| 原材料 | 借方 | 14 700.00 | 588.00 |
| 材料成本差异 | 贷方 | 130.60 | |

2023 年 8 月发生以下有关甲材料收入、发出的经济业务,请编制相关会计分录。

(1) 采购甲材料 480 千克(增值税税率 13%),材料已验收入库。货款 13 560 元(含税)以转账支票付讫,并以现金支付装卸费 75 元。

(2) 上月已办理结算但尚在途中的 132 千克甲材料,于本月全部到达并验收入库。材料实际成本 3 270 元,计划成本 3 300 元。

(3) 从外埠采购甲材料 180 千克,收到增值税专用发票等结算凭证,货款 4 859 元(含税价,增值税税率 13%)已通过银行转账支付,并支付运费 120 元,增值税额 10.8 元,材料尚未收到。

(4) 根据本月发出材料汇总表,共计发出材料 960 千克,计划成本 24 000 元。其中,直接用于产品生产 600 千克,计划成本 15 000 元;用于车间一般耗用 300 千克,计划成本 7 500 元;用于管理部门耗用 40 千克,计划成本 1 000 元;用于产品销售方面的耗用 20 千克,计划成本 500 元。

(5) 计算分配本月发出材料应负担的成本差异,并将发出材料的计划成本调整为实际成本。

3. 某小企业 2023 年 8 月份发生如下经济业务,请编制相关会计分录。
(1) 16 日,本月销售产品领用不单独计价的包装物一批,实际成本 8 000 元;领用单独计价的包装物一批,取得销售收入 30 000 元,增值税额 3 900 元,款项已收妥并存入银行,该批包装物的实际成本为 25 000 元。

(2) 25 日,为销售产品,向某单位出租库存未用的包装物 100 个,单位成本 80 元,收到租金(含税)1 130 元,押金 1 000 元。

(3) 30 日,生产车间领用一批生产工具,实际成本 3 300 元,该批生产工具采用一次摊销法核算。

(4) 30 日,开展财产清查,发现毁损材料一批,其账面价值为 1 000 元(增值税税率 13%)。经查明是由于仓库管理员的过失造成。按规定应由其赔偿 500 元,残料价值 300 元已办理入库手续,其余经批准计入营业外支出。

(5) 31 日,根据本月发出材料汇总表,共计发出材料 368 000 元,其中,基本生产车间领用材料 300 000 元,辅助生产车间领用材料 10 000 元,车间一般消耗领用材料 50 000 元,管理部门领用材料 5 000 元,销售部门领用材料 3 000 元。

**四、会计实操题**(要求完成未填好的原始凭证,填制记账凭证)

1. 2023 年 7 月 5 日,广东裕美家具有限公司(地址、电话:番禺区东环路 120 号,56327581;开户行及账号:建行东环支行,11682674052)向广东泰华建材有限公司(地址、电话:广州番禺区西丽南路 2 号,56637584;开户行及账号:建行西丽支行,11606313052)购买油漆 120 桶,收到增值税专用发票和运费增值税专用发票(运费由泰华公司垫付),油漆已验收入库,款项已支付,如图 5-1 至图 5-5 所示。

## 电子发票（增值税专用发票） No 432363031

国家税务总局
广东省税务局

开票日期：2023 年 07 月 05 日

| 购买方信息 | 名称：广东裕美家具有限公司<br>统一社会信用代码/纳税人识别号：<br>440103256268024 | | | | 销售方信息 | 名称：广东泰华建材有限公司<br>统一社会信用代码/纳税人识别号：<br>440103568268026 | | | |
|---|---|---|---|---|---|---|---|---|---|
| 项目名称 | 规格型号 | 单位 | 数量 | 单价 | | 金额 | 税率 | 税额 | |
| *涂料*油漆 | | 桶 | 120 | 186.00 | | 22320.00 | 13% | 2901.60 | |
| 合计 | | | | | | ¥22320.00 | | ¥2901.60 | |
| 价税合计（大写） | ⊗贰万伍仟贰佰贰拾壹圆陆角整 | | | | | （小写）¥25221.60 | | | |
| 备注 | | | | | | | | | |

开票人：尚晓娜

图 5-1 增值税专用发票

## 电子发票（增值税专用发票） No 261384501

国家税务总局
广东省税务局

开票日期：2023 年 07 月 05 日

| 购买方信息 | 名称：广东裕美家具有限公司<br>统一社会信用代码/纳税人识别号：<br>440103256268024 | | | | 销售方信息 | 名称：广东安通快递有限公司<br>统一社会信用代码/纳税人识别号：<br>440106208268039 | | | |
|---|---|---|---|---|---|---|---|---|---|
| 项目名称 | 规格型号 | 单位 | 数量 | 单价 | | 金额 | 税率 | 税额 | |
| *运输服务*运费 | | | | | | 360.00 | 9% | 32.40 | |
| 合计 | | | | | | ¥360.00 | | ¥32.40 | |
| 价税合计（大写） | ⊗叁佰玖拾贰圆肆角整 | | | | | （小写）¥392.40 | | | |
| 备注 | 番禺区西丽--番禺区东环路　　货物：油漆 120 桶 | | | | | | | | |

开票人：郑佳诚

图 5-2 运费增值税专用发票

| 中国建设银行支票存根（粤） | 中国建设银行**支票**（粤） | | GS 07384056 | | | | | | | | | | |
|---|---|---|---|---|---|---|---|---|---|---|---|---|---|
| GS 07384056 | | | | | | | | | | | | | |
| 附加信息 _____ | 出票日期（大写） 年 月 日 付款行名称： | | | | | | | | | | | | |
| _____ | 收款人： 出票人账号： | | | | | | | | | | | | |
| _____ | 人民币 | | 千 | 百 | 十 | 万 | 千 | 百 | 十 | 元 | 角 | 分 | |
| 出票日期 年 月 日 | （大 写） | | | | | | | | | | | | |
| 收款人： | | | | | | | | | | | | | |
| 金 额： | 用途 _____ 密码 _____ | | | | | | | | | | | | |
| 用 途： | 上列款项请从 〔广东裕美家 行号 _____ | | | | | | | | | | | | |
| 单位主管 会计 | 我账户内支付 具有限公司 〔杨德兴〕 | | | | | | | | | | | | |
| | 出票人签章 财务专用章〕 复核 记账 | | | | | | | | | | | | |

付款期限自出票之日起十天

| 附加信息： | 被背书人 | 被背书人 | （粘贴单处） | 根据《中华人民共和国票据法》等法律法规的规定，签发空头支票由中国人民银行处以票面金额 5%但不低于 1000 元的罚款。 |
|---|---|---|---|---|
| | 背书人签章<br>年 月 日 | 背书人签章<br>年 月 日 | | |

图 5-3　支票

## 收 料 单

2023 年 7 月 5 日　　　　　　　　　　　　　　　　　　　　金额单位：元

| 材料名称 | 规格型号 | 单位 | 应收数量 | 实收数量 | 金额 |
|---|---|---|---|---|---|
| 油漆 | | 桶 | 120 | 120 | 22 680.00 |

仓库主管：陈德明　　　　　　　　验收：李怡华　　　　　　　　收料：朱永材

图 5-4　收料单

## 记 账 凭 证

年 月 日　　　　　　　　　字第 号

| 摘　要 | 总账科目 | 明细科目 | 借方金额 千百十万千百十元角分 | 贷方金额 千百十万千百十元角分 | 账页或√ |
|---|---|---|---|---|---|
|  |  |  |  |  |  |
|  |  |  |  |  |  |
|  |  |  |  |  |  |
|  |  |  |  |  |  |
|  |  |  |  |  |  |
|  |  |  |  |  |  |
| 附属单证　　张 |  | 合计 |  |  |  |

会计主管　　　　　　　　记账　　　　　　　　审核　　　　　　　　制单

图 5-5　记账凭证

2. 2023 年 7 月 10 日,广东裕美家具有限公司(法定代表人,杨德兴;地址、电话:番禺区东环路 120 号,56327581;开户行及账号:建行东环支行,11682674052)向广东利源木材工业公司(地址、电话:梅州市梅江路 6 号,8835542;开户行及账号:中行梅江支行,18722683058)采购木料一批,收到增值税专用发票,款项已付,但木料尚未收到,如图 5-6 至图 5-8 所示。

图 5-6　增值税专用发票

## 电汇凭证（回单）  1  No 006890301

第　号　　　　　　　　　　　　　　　　委托日期　　年　月　日

| 汇款人 | 全称 | | | 收款人 | 全称 | | | 此联汇出行给汇款人的回单 |
| --- | --- | --- | --- | --- | --- | --- | --- | --- |
| | 账号或住址 | | | | 账号或住址 | | | |
| | 汇出地点 | | 汇出行名称 | | 汇入地点 | | 汇入行名称 | |
| 金额 | 人民币（大写） | | | 千 百 十 万 千 百 十 元 角 分 | | | | |
| | | | | | | | | |
| 汇款用途： | | | | | | | | |
| 上列款项已根据委托办理，如需查询，请持此回单来行面谈 | | | | | | | | |
| | | | | （汇出行盖章） | | | | |

图 5-7　电汇凭证回单

## 记　账　凭　证

　　　　　　　　　年　月　日　　　　　　　　　　　　　字第　号

| 摘　要 | 总账科目 | 明细科目 | 借方金额 千百十万千百十元角分 | 贷方金额 千百十万千百十元角分 | 账页或√ |
| --- | --- | --- | --- | --- | --- |
| | | | | | |
| | | | | | |
| | | | | | |
| | | | | | |
| | | | | | |
| 附属单证　　张 | | | 合计 | | |

会计主管　　　　　　　记账　　　　　　　审核　　　　　　　制单

图 5-8　记账凭证

3. 2023 年 7 月 24 日，广东裕美家具有限公司（开户行及账号：建行东环支行，11682674052）向广东新林电器有限公司（开户行及账号：工行建设支行，11682674892）购买除湿器 5 台，如图 5-9 至图 5-12 所示。

# 第 5 章 存货核算

| 动态<br>二维码 | 电子发票(增值税专用发票) | | | | | No 211371301 | | |
|---|---|---|---|---|---|---|---|---|
| | | | | | | 开票日期：2023 年 07 月 24 日 | | |
| 购买方信息 | 名称：广东裕美家具有限公司<br>统一社会信用代码/纳税人识别号：<br>440103256268024 | | | | 销售方信息 | 名称：广东新林电器有限公司<br>统一社会信用代码/纳税人识别号：<br>440102307267034 | | |
| 项目名称 | 规格型号 | 单位 | 数量 | 单价 | 金额 | | 税率 | 税额 |
| *空调产品*除湿器 | | 台 | 5 | 480.00 | 2400.00 | | 13% | 312.00 |
| 合  计 | | | | | ¥2400.00 | | | ¥312.00 |
| 价税合计（大写） | ⊗ 贰仟柒佰壹拾贰圆整 | | | | | （小 写）¥2712.00 | | |
| 备注 | | | | | | | | |

开票人：廖丽娜

图 5-9　增值税专用发票

图 5-10　支票

## 低值易耗品入库单

2023 年 7 月 24 日　　　　　　　　　　　　　　　金额单位:元

| 名称及规格 | 单位 | 入库数量 | 单价 | 金额 |
|---|---|---|---|---|
| 除湿器 | 台 | 5 | 480.00 | 2 400.00 |

仓库主管:陈德明　　　　　　　验收:李怡华　　　　　　　制单:朱永材

图 5-11　低值易耗品入库单

## 记 账 凭 证

年　月　日　　　　　　　　　　　　　　　　字第　号

| 摘　要 | 总账科目 | 明细科目 | 借方金额 | | | | | | | | | 贷方金额 | | | | | | | | | 账页或√ |
|---|---|---|---|---|---|---|---|---|---|---|---|---|---|---|---|---|---|---|---|---|---|
| | | | 千 | 百 | 十 | 万 | 千 | 百 | 十 | 元 | 角 | 分 | 千 | 百 | 十 | 万 | 千 | 百 | 十 | 元 | 角 | 分 | |
| | | | | | | | | | | | | | | | | | | | | | | | |
| | | | | | | | | | | | | | | | | | | | | | | | |
| | | | | | | | | | | | | | | | | | | | | | | | |
| | | | | | | | | | | | | | | | | | | | | | | | |
| | | | | | | | | | | | | | | | | | | | | | | | |
| 附属单证　　　张 | | 合计 | | | | | | | | | | | | | | | | | | | | | |

会计主管　　　　　　　记账　　　　　　　审核　　　　　　　制单

图 5-12　记账凭证

4. 2023 年 7 月 25 日,广东裕美家具有限公司产品仓库领用除湿器,采用五五摊销法进行成本摊销,如图 5-13 至图 5-16 所示。

## 低值易耗品出库单

用途:产品仓库用　　　　2023 年 7 月 25 日　　　　　金额单位:元

| 名称及规格 | 单位 | 请领数量 | 实发数量 | 单价 | 金额 |
|---|---|---|---|---|---|
| 除湿器 | 台 | 5 | 5 | 480.00 | 2 400.00 |

仓库主管:陈德明　　　　　　　经手人:刘江华　　　　　　　保管员:朱永材

图 5-13　低值易耗品出库单

## 低值易耗品摊销计算表

用途:产品仓库用　　　　2023 年 7 月 25 日　　　　　金额单位:元

| 名称及规格 | 单位 | 数量 | 待摊金额 | 本期摊销比例 | 摊销金额 |
|---|---|---|---|---|---|
| 除湿器 | 台 | 5 | 2 400.00 | 50% | 1 200.00 |

会计主管:范永建　　　　　　　会计:杨东梅　　　　　　　制单:谢丽华

图 5-14　低值易耗品摊销计算表

## 记 账 凭 证

年　月　日　　　　　　　　　　　　　　　　　　字第　号

| 摘　要 | 总账科目 | 明细科目 | 借方金额 千百十万千百十元角分 | 贷方金额 千百十万千百十元角分 | 账页或√ |
|---|---|---|---|---|---|
|  |  |  |  |  |  |
|  |  |  |  |  |  |
|  |  |  |  |  |  |
|  |  |  |  |  |  |
|  |  |  |  |  |  |
|  |  |  |  |  |  |
| 附属单证　　张 |  | 合计 |  |  |  |

会计主管　　　　　　　记账　　　　　　　审核　　　　　　　制单

图 5-15　记账凭证

## 记 账 凭 证

年　月　日　　　　　　　　　　　　　　　　　　字第　号

| 摘　要 | 总账科目 | 明细科目 | 借方金额 千百十万千百十元角分 | 贷方金额 千百十万千百十元角分 | 账页或√ |
|---|---|---|---|---|---|
|  |  |  |  |  |  |
|  |  |  |  |  |  |
|  |  |  |  |  |  |
|  |  |  |  |  |  |
|  |  |  |  |  |  |
|  |  |  |  |  |  |
| 附属单证　　张 |  | 合计 |  |  |  |

会计主管　　　　　　　记账　　　　　　　审核　　　　　　　制单

图 5-16　记账凭证

【职场拓展】

### 外国没有的，我们照样可以有

20世纪70年代，美国成功地把激光陀螺运用到战机和导弹上，同时对其他国家进行严密的技术封锁。1975年，我国物理学家高伯龙加入了激光陀螺研究所，他提出了中国独有的四频差动激光陀螺方案，而不是仿效美国的"二频"。

高伯龙的方案让一些人吃惊和哗然,他也因此饱受批评,但是高伯龙坚定地说:"外国有的、先进的,我们要跟踪,将来要有。但并不是说外国没有的,我们不许有,他们没有的我们照样可以有。"

1993年,高伯龙终于研制出了四频差动激光陀螺工程样机,然而却在鉴定过程中突然出现了问题。有专家认为这纯粹是浪费金钱,要求高伯龙停止试验。高伯龙愧疚地说:"我花了近20年时间,花了国家那么多钱,搞成这样,我是有罪的。"不过,他在专家组面前立下军令状,保证1年内解决问题。

1994年,激光陀螺工程样机顺利通过鉴定,中国成为继美国和德国之后第三个掌握该技术的国家。此后,我国的海陆空各项装备都有了"激光眼"。高伯龙没有躺在功劳簿上,而是继续致力于新型激光陀螺的研制。80多岁的他仍然不懈地研究,他对心疼他的人说:"我的时间不多了,我要抓紧!活着干,死了算,一天不死,一天干!"

这些老一辈科学家的最可贵之处,是他们不崇洋媚外,他们具有自强自立的决心,他们靠着苦干和实干在一步步追赶世界先进水平。

(资料来源:段桂阳.外国没有的,我们照样可以有[J].演讲与口才,2022(16):57.)

**思考**:请问该故事道出了怎样的人生哲理?

# 第6章 固定资产核算

## 【知识提要】

1. 固定资产是指小企业为生产产品、提供劳务、出租或经营管理而持有的、使用寿命超过1个会计年度的有形资产。判断某项固定资产所包含的经济利益是否很可能流入小企业，主要依据与该固定资产所有权相关的风险和报酬是否转移到了小企业。

2. 小企业固定资产应当按照实际成本进行初始计量。小企业固定资产购建的核算，一般需要设置"固定资产""在建工程"和"工程物资"等账户。

3. 固定资产折旧是指在固定资产预计使用寿命内，按照确定的方法对应计提折旧额进行系统分摊。小企业应当按照年限平均法（直线法）计提折旧。小企业的固定资产由于技术进步等原因，确需加速折旧的，可以采用双倍余额递减法和年数总和法计提折旧。

4. 租赁是指在约定的期限内，出租人将资产使用权让与承租人，以获取租金的协议。租赁的主要特征是，在租赁期内转移资产的使用权，而不是转移资产的所有权，这种转移是有偿的，取得使用权以支付租金为代价。固定资产租赁，按其性质可分为经营租赁固定资产与融资租赁固定资产两种。

5. 小企业会计准则不要求对固定资产后续支出资本化或费用化进行职业判断，而是统一规定固定资产日常修理费在发生时根据受益对象计入相关资产成本或者当期损益；固定资产大修理支出计入长期待摊费用，未提足折旧的固定资产的改建支出计入固定资产成本，已提足折旧的固定资产的改建支出计入长期待摊费用。

6. 固定资产处置包括固定资产的出售、报废和毁损等。小企业处置固定资产的处置收入扣除其账面价值、相关税费和清理费用后的净额，应当计入营业外收入或营业外支出。小企业处置固定资产一般通过"固定资产清理"账户核算。

7. 小企业应定期或者至少于每年年末对固定资产进行清查盘点，以保证固定资产核算的真实性，充分挖掘小企业现有固定资产的潜力。小企业在财产清查中盘盈、盘亏固定资产，通过"待处理财产损溢——待处理非流动资产损溢"账户核算。

## 【实训训练】

### 一、判断题

1. 尚未办理竣工决算的自行建造固定资产不需要计提折旧。（　　）
2. 当月减少的固定资产，当月照提折旧，从下月开始不提折旧。（　　）
3. 小企业只能按照年限平均法（直线法）计提固定资产折旧。（　　）
4. "累计折旧"账户属于资产类账户，是"固定资产"账户的备抵调整账户，贷方登记小企

业按月计提的固定资产折旧,借方登记处置固定资产转出的累计折旧,期末余额在贷方,表示小企业固定资产的累计折旧。（　　）

5. 经营租赁下,租出的固定资产仍然属于出租方,出租方应将它作为自身的资产在资产负债表中列示,账面不能减少该资产价值。（　　）

6. 小企业按期支付融资租入固定资产租赁费时,应借记"管理费用"账户,贷记"银行存款"账户。（　　）

7. 小企业发生固定资产日常修理费,应根据其受益对象计入相关资产成本或者当期损益。（　　）

8. 小企业盘盈固定资产,应按盘盈固定资产的账面价值（净值）,借记"固定资产"账户,贷记"待处理财产损溢——待处理非流动资产损溢"账户。（　　）

9. 小企业在建工程试运行过程中形成的产品、副产品对外销售取得的收入,应记入"主营业务收入"账户。（　　）

10. 按照《小企业会计准则》规定,已提足折旧仍继续使用的固定资产,不再提折旧；未提足折旧而提前报废的固定资产也不需要补提折旧。（　　）

二、单项选择题

1. 下列需要计提折旧的固定资产是（　　）。
   A. 已提足折旧仍然继续使用的固定资产　　B. 以经营租赁方式租入的固定资产
   C. 季节性、大修理停用固定资产　　D. 当月增加的固定资产

2. 设备融资租赁与经营租赁的主要不同点是（　　）。
   A. 租金的支付方式　　B. 可用于租赁的设备
   C. 租赁双方的根本目的　　D. 租赁双方承担义务的约束力

3. 小企业收到并确认出租不需用设备收入时,应借记"银行存款"账户,贷记（　　）账户。
   A. "主营业务收入"　　B. "其他业务收入"
   C. "营业外收入"　　D. "其他业务成本"

4. 某小企业购入需要安装的设备一台,取得的增值税专用发票上注明的价格为20 000元,增值税额为2 600元,另支付运杂费900元,增值税额81元。所有款项已通过银行存款支付。安装过程中用银行存款支付安装费2 000元,增值税额180元。该固定资产的入账价值为（　　）元。
   A. 22 900　　B. 20 900　　C. 25 761　　D. 22 000

5. 某项固定资产的账面价值为120 000元,预计使用年限5年,预计净残值300元,采用双倍余额递减法计提折旧,第三年的折旧额为（　　）元。
   A. 24 000　　B. 28 800　　C. 11 460　　D. 17 280

6. 与年限平均法相比,采用年数总和法对固定资产计提折旧将使（　　）。
   A. 计提折旧的初期,企业利润减少,固定资产净值减少
   B. 计提折旧的初期,企业利润减少,固定资产原值减少

C. 计提折旧的后期，企业利润减少，固定资产净值减少

D. 计提折旧的后期，企业利润减少，固定资产原值减少

7. 某小企业改造一条生产线。该生产线原始价值为 300 000 元，预计使用年限 6 年。至改造时，该生产线已使用 3 年，已提折旧 200 000 元。在改造过程中，共计发生支出 350 000 元。拆除部分的变价收入 50 000 元。改造完成时，该条生产线的入账价值为（　　）元。

A. 450 000　　　　B. 400 000　　　　C. 650 000　　　　D. 700 000

8. 某小企业对生产车间的设备进行修理，修理过程中领用材料一批，其价值为 5 000 元，为购买该批材料支付的增值税进项税额为 650 元；支付维修人员工资 1 000 元，则应（　　）。

A. 贷：制造费用　6 000　　　　　　B. 借：制造费用　6 000

C. 借：制造费用　6 650　　　　　　D. 贷：制造费用　6 650

9. 某小企业年底财产清查时，发现丢失一台笔记本电脑，原价 10 000 元，已计提折旧 3 000 元，经查未果，转销时应（　　）。

A. 借：累计折旧　7 000

B. 借：营业外支出　7 000

C. 贷：待处理财产损溢——待处理非流动资产损溢　10 000

D. 贷：固定资产　7 000

10. 某小企业出售一台机器设备，该机器原价为 40 000 元，已计提折旧 20 000 元，支付清理费用 1 500 元，收取不含税价款 25 000 元，增值税税率 13%。款项已存入银行。出售该资产的净损益为（　　）元。

A. ＋3 500　　　　B. ＋5 000　　　　C. －1 500　　　　D. －3 500

### 三、会计核算题

1. 某小企业一项固定资产原值为 300 000 元，预计使用年限为 5 年，预计净残值率为 5%。试分别采用年限平均法、双倍余额递减法和年数总和法计算第二年和第五年的折旧额。

2. 某小企业为增值税一般纳税人，发生如下经济业务，请编制相关会计分录。

（1）2019 年 12 月 5 日，购买一台需要安装的生产设备，取得增值税专用发票，注明价款 500 000 元，增值税额 65 000 元；支付运杂费 3 000 元，增值税额 270 元，均以银行存款支付。

(2) 以上设备安装过程中,领用生产用材料20 000元,购进该批材料时支付的增值税额为2 600元;支付安装人员工资5 000元。

(3) 以上设备安装完工,验收合格并交付使用。

(4) 该设备预计使用10年,净残值率为5%,该企业采用年限平均法计提折旧。试计算每年的折旧额,并编制会计分录。

(5) 该设备于交付使用后第5年年末出售,收到价款320 000元,增值税额41 600元,款项已存入银行,用银行存款支付清理费2 000元(适用增值税税率9%)。

3. 某小企业为增值税一般纳税人,发生如下经济业务,请编制相关会计分录。

(1) 2020年12月1日,购入一条需要安装的生产线,取得增值税专用发票,注明价款为800 000元,增值税额为104 000元;发生运杂费80 000元,增值税额7 200元,款项均已银行存款支付。

(2) 企业以自营方式安装以上生产线,安装期间领用本企业生产的产品,该产品成本为40 000元,计税价格为50 000元,增值税税率为13%;发生安装工人工资2 400元。(说明:自2016年5月1日起,企业领用自产产品用于固定资产建设,直接按产品成本结转)

(3) 2020年12月30日,该生产线竣工,并在当日投入使用。

(4) 该生产线使用年限为 9 年,预计净残值为 22 400 元,采用平均年限法计提折旧。试计算每年的折旧额,并编制会计分录。

(5) 2022 年 12 月 30 日,该生产线出现重大故障,企业决定对其进行大修理。当日,该生产线停止使用,并开始进行修理。在修理过程中,领用工程物资 35 000 元;应付在建工程人员职工薪酬 12 000 元;支付银行存款 8 000 元。2023 年 3 月 31 日,修理工程完工,验收合格并于当日投入使用。预计此次修理使得该生产线的使用寿命延长 3 年。

4. 2023 年 8 月,某小企业为自建一栋厂房,购入厂房所需物资 400 000 元,增值税额 52 000 元,全部用于厂房建设;领用生产用材料一批,成本 60 000 元;领用本企业生产水泥一批,实际成本 100 000 元,税务部门计税价格 120 000 元,增值税税率 13%,分配工程人员工资 120 000 元,工程完工投入使用,支付施工管理费 40 000 元,增值税税率 9%。

5. 2023 年 6 月 12 日,某小企业准备自行建造一座厂房,购入一批工程物资,价款 5 000 000 元,增值税额 650 000 元,款项以银行存款支付。6~12 月,建造厂房过程中,领用工程物资 4 800 000 元(不含增值税);应分摊的工资费用 50 000 元。该厂房于 12 月 25 日竣工结算,剩余工程物资转为该企业的原材料。

6. 2023 年 8 月 15 日,某小企业对一台生产设备进行报废处理,该设备原值 6 000 000 元,已计提折旧 5 000 000 元。报废时,支付清理费用 5 000 元,增值税税率为 9%,收到保险公司的赔偿款 200 000 元和清理残料变卖收入 100 000 元(适用增值税税率 13%),款项已存入银行。

**四、会计实操题**(要求完成未填好的原始凭证,填制记账凭证)

1. 2023 年 8 月 22 日,广东裕美家具有限公司(地址、电话:番禺区东环路 120 号,56327581;开户行及账号:建行东环支行,11682674052)向广州福林机械有限公司(地址、电话:芳村区芳村大道 2 号,83682585;开户行及账号:工行芳村支行,11629413054)购买锯木机一台,收到增值税专用发票一张,款项已承付,如图 6-1 至图 6-4 所示。

| 动态二维码 | 电子发票（增值税专用发票） 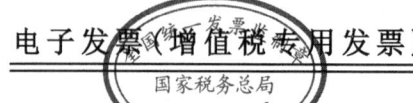 | | No 425363051 开票日期：2023年08月22日 | | | | | | |
|---|---|---|---|---|---|---|---|---|---|
| 购买方信息 | 名称：广东裕美家具有限公司 统一社会信用代码/纳税人识别号： 440103256268024 | | | 销售方信息 | 名称：广州福林机械有限公司 统一社会信用代码/纳税人识别号： 440103568268028 | | | | |
| 项目名称 | 规格型号 | 单位 | 数量 | 单价 | | 金额 | | 税率 | 税额 |
| *通用设备*锯木机 | | 台 | 1 | 86000.00 | | 86000.00 | | 13% | 11180.00 |
| 合计 | | | | | | ¥86000.00 | | | ¥11180.00 |
| 价税合计（大写） | ⊗玖万柒仟壹佰捌拾圆整 | | | | | | （小写）¥97180.00 | | |
| 备注 | | | | | | | | | |

开票人：林娜

图6-1 增值税专用发票

图6-2 支票

## 固定资产验收单

验收日期 2023 年 8 月 22 日　　　　　　　　　　　　　　　　　　　　编号:00501

| | | | | | | |
|---|---|---|---|---|---|---|
| 固定资产管理部门 | 项目名称 | 锯木机 | 电动机 | | | |
| | 型　号 | | 总功率 | | | |
| | 规　格 | | 出厂编号 | | 出厂日期 | 2023.08.22 |
| | 制造厂 | 福林机械公司 | 自重量 | | 始用日期 | 2023.08.22 |
| | 尺　寸 | | 使用部门 | 家具车间 | 施工工号 | |
| | 随　机　附　件 | | | | | |
| | 名称 | 型号规格 | 数量 | 名称 | 型号规格 | 数量 |
| | | | | | | |
| | | | | | | |
| | 说明书 | | 装箱单 | | 图纸 | |
| | 合格证 | | 精度单 | | 资料验收人 | |
| | 设备类别 | | | 使用年限 | | |
| | 精度等级 | | | 分类划级 | | |
| 财务部门 | 设备费用 | ￥86 000.00 | 安装及其他费用 | | | |
| | 原值合计 | ￥86 000.00 | 资产来源 | | 购入 | |
| 验收意见 | 验收合格　　　　　　　　　　　　　　　　　　　　　　　　　验收人:李怡华 | | | | | |
| 部门签名 | 使用部门 | 周利元 | 固定资产管理部门 | 陈德明 | 财务部门 | 范永建 |

图 6-3　固定资产验收单

## 记　账　凭　证

年　月　日　　　　　　　　　　　　　　　　　　　　　　　　　字第　号

| 摘　要 | 总账科目 | 明细科目 | 借方金额 千百十万千百十元角分 | 贷方金额 千百十万千百十元角分 | 账页或√ |
|---|---|---|---|---|---|
| | | | | | |
| | | | | | |
| | | | | | |
| | | | | | |
| | | | | | |
| | | | | | |
| 附属单证　　　张 | | | 合计 | | |

会计主管　　　　　　　　记账　　　　　　　　审核　　　　　　　　制单

图 6-4　记账凭证

2. 2023年8月31日,广东裕美家具有限公司计提本月固定资产折旧,如表6-1和图6-5所示。

表6-1 折旧计算表

2023年8月31日　　　　　　　　　　　　　　　　　　　金额单位:元

| 固定资产类型 | 固定资产价值 | 月折旧率 | 月折旧额 |
|---|---|---|---|
| 生产用固定资产 | 3 168 000.00 | 0.75% | 23 760.00 |
| 非生产用固定资产 | 1 094 000.00 | 0.65% | 7 111.00 |
| 合计 | 4 262 000.00 | — | 30 871.00 |

会计主管:范永建　　　　　　　复核:杨东梅　　　　　　　制表:谢丽华

## 记 账 凭 证

年　月　日　　　　　　　　　　　　　　　　　字第　号

| 摘　要 | 总账科目 | 明细科目 | 借方金额 千百十万千百十元角分 | 贷方金额 千百十万千百十元角分 | 账页或√ |
|---|---|---|---|---|---|
|  |  |  |  |  |  |
|  |  |  |  |  |  |
|  |  |  |  |  |  |
|  |  |  |  |  |  |
|  |  |  |  |  |  |
| 附属单证　　张 |  | 合计 |  |  |  |

会计主管　　　　　　记账　　　　　　审核　　　　　　制单

图6-5　记账凭证

【职场拓展】

### 差了0.1厘米

1993年,著名书法家欧阳中石先生在首都师范大学担任书法博士生导师,书法博士生叶培贵是他的学生。

有一次,欧阳先生把叶培贵叫到办公室对他说:"这个字错了。"叶培贵仔细瞧了又瞧,说:"老师,这个字并没有任何错啊。"欧阳先生神情严肃地说:"错了就是错了,拿回去仔细对比临摹。"

叶培贵只好把"错字"拿回去,认真对比临帖后,依然没有发现那个字有什么错。便又回去对欧阳先生说道:"这个字并没有错。老师您从哪里看出它错了呢?"欧阳先生叹了一口气,从办公桌一个抽屉里取出一把尺子,然后轻轻地把尺子放在"错字"的一个位置上测量,说:"1.9厘米。这里本该是2厘米才对,你就是错了嘛。拿回去重新临摹。"

叶培贵嘴里还嘀咕着:"不就是差了0.1厘米吗,肉眼根本看不出来。老师您教的是博士生,又不是幼儿园的小朋友。"欧阳先生听了这话,语重心长地对他说:"你不要以为你是博士就什么都会,如果你这方面的本事还在幼儿园阶段,你就得从幼儿园阶段做起。凡是你的短板,你没有达到的能力,不管你是博士还是教授,你该从哪做起就得从哪做起,这才叫学,才能学到位。"

叶培贵听后无比惭愧。从此,他一直谨遵欧阳先生的教诲,对于每个字的高低位置、长短关系、角度以及肥瘦等都进行深入细致地学习和研究,从不漏过任何一个细节。终于学有所成,成为当代著名的书法家。

(资料来源:阿莺.差了0.1厘米[J].演讲与口才,2022(10):39.)

**思考**:请问该故事道出了怎样的人生哲理?

# 第7章 无形资产核算

## 【知识提要】

1. 无形资产是指小企业为生产产品、提供劳务、出租或经营管理而拥有的、没有实物形态的可辨认非货币性资产。小企业的无形资产通常包括专利权、非专利技术、商标权、著作权和土地使用权等。

2. 小企业取得无形资产，应按实际成本计价入账。小企业无形资产的核算一般需设置"无形资产""研发支出""累计摊销"等账户。

3. 小企业无形资产的摊销方法只有一种，即年限平均法（直线法）。小企业应当在无形资产使用寿命内采用年限平均法（直线法）进行摊销，根据其受益对象计入相关资产成本或当期损益。

4. 小企业无形资产的摊销期自其可供使用的当月开始，至停止使用或出售时止（停止使用或出售当月不再进行摊销）。小企业应当采用年限平均法（直线法）按月计提无形资产摊销，按照无形资产的受益对象计入相关资产成本或当期损益。

5. 无形资产处置是指无形资产出售、出租、对外投资或因无法为小企业带来未来经济利益而报废等。小企业处置无形资产，其处置收入扣除其账面价值、相关税费等后的净额，计入营业外收入或营业外支出。

## 【实训训练】

### 一、判断题

1. 小企业出售无形资产和出租无形资产取得的收益，均应计入其他业务收入。（    ）
2. 如果合同没有规定受益年限，法律也没有规定有效年限的无形资产，其摊销年限不应超过5年。（    ）
3. 小企业利用土地建造某自用项目时，应将土地使用权的账面价值转入在建工程成本。（    ）
4. 无形资产成本在取得的当月不进行摊销，从下月开始进行摊销。（    ）
5. 小企业无形资产的摊销可采用平均年限法或者五五摊销法。（    ）
6. 无形资产开发阶段的支出全部计入无形资产的成本。（    ）
7. 无形资产的摊销直接贷记"无形资产"账户。（    ）
8. 因技术进步、政策环境等原因所持有的无法为企业带来经济利益流入而报废的专利权，应计入管理费用。（    ）
9. 无形资产在取得当月开始摊销，处置的当月不再摊销。（    ）
10. 小企业自创商誉不可作为无形资产入账。（    ）

## 二、单项选择题

1. 投资者投入的无形资产,应按照( )作为实际成本。
   A. 账面价值和相关税费　　　　　　B. 摊余价值
   C. 评估价值和相关税费　　　　　　D. 摊余价值和相关税费

2. 小企业出租无形资产取得的收入,应当计入( )。
   A. 主营业务收入　　　　　　　　　B. 其他业务收入
   C. 投资收益　　　　　　　　　　　D. 营业外收入

3. 小企业处置无形资产取得的收益,应当计入( )。
   A. 主营业务收入　　　　　　　　　B. 其他业务收入
   C. 投资收益　　　　　　　　　　　D. 营业外收入

4. 某小企业出售一项 3 年前取得的专利权,该专利权取得时的成本为 40 万元,按 10 年摊销,出售时取得收入 40 万元,适用增值税税率 6%。不考虑城市维护建设税和教育费附加,则出售该项专利时影响当期的损益为( )万元。
   A. 12　　　　B. 9.6　　　　C. 30　　　　D. 32

5. 无形资产出租每月应摊销的成本计入( )。
   A. 销售费用　　B. 制造费用　　C. 管理费用　　D. 其他业务成本

6. 小企业出售无形资产发生的净损失,应当计入( )。
   A. 主营业务成本　　　　　　　　　B. 其他业务成本
   C. 管理费用　　　　　　　　　　　D. 营业外支出

7. 某小企业研制一项新技术,开始并无成功把握,该企业在此项研究过程中发生研究费用 70 000 元。研究成功后申请获得专利权,在申请专利的过程中发生的专利登记费 30 000 元,律师费 8 000 元,增值税额 480 元。该项专利权的入账价值为( )元。
   A. 70 000　　　B. 100 000　　　C. 108 000　　　D. 38 000

8. 按照《小企业会计准则》规定,下列各项中,应作为小企业无形资产入账的是( )。
   A. 开办费　　　　　　　　　　　　B. 为获得土地使用权支付的土地出让金
   C. 广告费　　　　　　　　　　　　D. 开发新技术过程中发生的研究费

9. 关于小企业自行研究开发项目的支出,下列说法中不正确的是( )。
   A. 应当区分研究阶段支出和开发阶段支出
   B. 开发阶段符合资本化条件的支出,于发生时记入"研发支出——资本化支出"账户
   C. 研究阶段的支出,应当于发生时记入"管理费用"账户
   D. 开发阶段未满足资本化条件的支出,在研发支出结转时记入"管理费用"账户

10. 下列关于无形资产会计处理的表述中,正确的是( )。
    A. 将自创的商誉确认为无形资产
    B. 将已转让所有权的无形资产的账面价值计入其他业务成本
    C. 将预期不能为企业带来经济利益的无形资产账面价值计入管理费用
    D. 将以支付土地出让金方式取得的自用土地使用权单独确认为无形资产

### 三、多项选择题

1. 无形资产具有的特征有(　　)。
   A. 不具有实物形态　　　　　　　　　　B. 属于非货币性资产
   C. 具有可辨认性　　　　　　　　　　　D. 持有的目的是出售

2. 无形资产通常包括(　　)。
   A. 专利权与非专利技术　　　　　　　　B. 商标权与著作权
   C. 土地使用权　　　　　　　　　　　　D. 商誉

3. 转让无形资产的所有权时,其核算可能与(　　)账户有关。
   A."其他业务收入"　B."营业外收入"　C."累计摊销"　D."无形资产"

4. 下列关于内部研究开发无形资产所发生支出的会计处理中,正确的有(　　)。
   A. 将研究阶段的支出在月末计入当期管理费用
   B. 若无法区分研究阶段和开发阶段支出,应将发生的全部研发支出费用化
   C. 研究阶段的支出,其资本化的条件是能够单独核算
   D. 开发阶段的支出在满足资本化条件时,允许确认为无形资产

5. 下列各项中,月末不会引起无形资产账面价值发生增减变动的有(　　)。
   A. 企业自行研究开发项目研究阶段发生的支出
   B. 摊销无形资产成本
   C. 企业自行研究开发项目开发阶段发生的支出满足无形资产确认条件
   D. 企业自行研究开发项目开发阶段发生的支出不满足无形资产确认条件

6. 下列各项中,月末不会引起"无形资产"账户余额发生增减变动的有(　　)。
   A. 企业自行研究开发项目研究阶段发生的支出
   B. 摊销无形资产成本
   C. 企业自行研究开发项目开发阶段发生的支出满足无形资产确认条件
   D. 企业自行研究开发项目开发阶段发生的支出不满足无形资产确认条件

7. 小企业应按月计提无形资产摊销,按照无形资产的受益对象计入相关资产成本或当期损益,其不可采用的摊销方法有(　　)。
   A. 年限平均法　　　　　　　　　　　　B. 产量法
   C. 双倍余额递减法　　　　　　　　　　D. 年数总和法

8. 应计入无形资产成本的支出有(　　)。
   A. 购入专利权发生的支出
   B. 购入非专利技术发生的支出
   C. 研究开发新技术发生的研究支出
   D. 研究开发新技术发生的可以资本化的开发支出

### 四、会计核算题

1. 2023年6月1日,某小企业开始自行研究开发一项专利技术,在研究开发过程中,发生材料费10 000元,人工费20 000元,以及用银行存款支付其他费用6 000元,其中符合资本

化条件的支出为2 000元。10月30日,专利技术研发成功,向专利局注册,支付专利注册登记及手续费20 000元,律师咨询费6 000元、增值税额360元。

2. 2023年7月2日,某小企业出售一项专利技术,该专利技术成本为450 000元,已摊销150 000元,出售中实际取得收入350 000元、增值税额21 000元,款项已存入银行。

3. 2023年7月4日,某小企业向林桦公司出租一项专利权,当月15日收到出租收入8 000元、增值税额480元,存入银行。该项专利权7月应计摊销额1 600元。

4. 某小企业一项专利技术预计不能为小企业带来经济利益,该企业决定转销其成本,该专利账面成本为63 500元,已计提摊销额52 640元。

5. 2023年3月1日,某小企业开始自行研发一项新工艺,3～6月每月发生的各项研究开发费用均为40万元,其中,领用原材料20万元,人工费用16.6万元,以银行存款支付费用3.4万元;6月30日,研究成功,进入开发阶段,发生开发人员工资120万元,福利费30万元,另以银行存款支付有关费用25万元,假设开发阶段的支出有60%满足资本化条件;7月31日,该企业自行开发成功该项新工艺,8月1日,依法申请了专利,以银行存款支付注册费3万元,律师费5万元,增值税额0.3万元,并投入使用。

要求:
(1) 编制6月份有关研发支出的会计分录。

(2) 编制7月份有关研发支出的会计分录。

(3) 编制 8 月份有关研发支出的会计分录。

**五、会计实操题**（要求完成未填好的原始凭证,填制记账凭证）

1. 2023 年 7 月 31 日,广东裕美家具有限公司计提本月无形资产摊销额,如表 7-1 和图 7-1 所示。

表 7-1　　　　　　　　　　　　　无形资产摊销计算表

2023 年 7 月 31 日　　　　　　　　　　　　　　　金额单位:元

| 项目 | 取得时间 | 入账价值 | 摊销年限(年) | 摊销方法 | 月摊销额 | 累计摊销 |
|---|---|---|---|---|---|---|
| 沙发设计专利 | 2020.10.01 | 93 600.00 | 5 | 直线法 | 1 560.00 | 53 040.00 |
| 办公桌设计专利 | 2021.10.16 | 64 000.00 | 5 | 直线法 | 1 060.00 | 36 040.00 |
| 商标权 | 2021.08.05 | 180 000.00 | 8 | 直线法 | 1 875.00 | 45 000.00 |
| 办公桌设计专利 | 2022.03.10 | 36 600.00 | 5 | 直线法 | 610.00 | 10 370.00 |
| 沙发专利权 | 2022.10.14 | 360 000.00 | 8 | 直线法 | 3 750.00 | 37 500.00 |
| 合计 | — | ¥734 200.00 | — | — | ¥8 855.00 | ¥181 950.00 |

会计主管:范永建　　　　　　　　会计:杨东梅　　　　　　　　制单:谢丽华

## 记 账 凭 证

年　月　日　　　　　　　　　　　　　　　字第　号

| 摘　要 | 总账科目 | 明细科目 | 借方金额 千百十万千百十元角分 | 贷方金额 千百十万千百十元角分 | 账页或√ |
|---|---|---|---|---|---|
|  |  |  |  |  |  |
|  |  |  |  |  |  |
|  |  |  |  |  |  |
|  |  |  |  |  |  |
|  |  |  |  |  |  |
| 附属单证　　　张 |  | 合计 |  |  |  |

会计主管　　　　　　　记账　　　　　　　审核　　　　　　　制单

图 7-1　记账凭证

2. 2023年8月2日,广东裕美家具有限公司(地址、电话:番禺区东环路120号,56327581;开户行及账号:建行东环支行,11682674052)向广州市家具设计研究所(地址、电话:广州中山一路102号,86695556;开户行及账号:工行中山支行,16534163984)购入设计专利权一项,收到增值税专用发票一张,款项已承付,如图7-2至图7-5所示。

## 电子发票(增值税专用发票)

No 231308141

动态二维码

开票日期:2023年08月02日

| 购买方信息 | 名称:广东裕美家具有限公司<br>统一社会信用代码/纳税人识别号:<br>440103256268024 | 销售方信息 | 名称:广州市家具设计研究所<br>统一社会信用代码/纳税人识别号:<br>440106868220521 |
|---|---|---|---|

| 项目名称 | 规格型号 | 单位 | 数量 | 单价 | 金额 | 税率 | 税额 |
|---|---|---|---|---|---|---|---|
| *无形资产*家具设计专利权 | | 项 | 1 | 80000.00 | 80000.00 | 6% | 4800.00 |
| 合计 | | | | | ¥80000.00 | | ¥4800.00 |

| 价税合计(大写) | ⊗捌万肆仟捌佰圆整 | (小写)¥84800.00 |
|---|---|---|
| 备注 | | |

开票人:徐成欣

图7-2 专利权转让增值税发票

### 无形资产入账单

2023年8月2日

| 名称 | 使用部门 | 单位 | 数量 | 资产情况 | | |
|---|---|---|---|---|---|---|
| | | | | 预计使用年限(年) | 原值(元) | 取得方式 |
| 家具设计专利权 | | 项 | 1 | 5 | 80 000.00 | 购入 |

会计主管:范永建　　会计:杨东梅　　制单:谢丽华

图7-3 无形资产入账单

## 支票存根与支票

| 中国建设银行支票存根（粤） | | 中国建设银行**支票**（粤） | GS 07384060 |
|---|---|---|---|

（左侧存根）
中国建设银行支票存根（粤）
GS 07384060
附加信息＿＿＿＿＿＿＿
＿＿＿＿＿＿＿
出票日期　　年　月　日
收款人：
金　额：
用　途：
单位主管　　　会计

（中缝竖排）付款期限自出票之日起十天

（支票正面）
中国建设银行**支票**（粤）　　GS 07384060
出票日期（大写）　　年　月　日　　付款行名称：
收款人：　　　　　　　　　　　　　出票人账号：
人民币　　　　　千百十万千百十元角分
（大写）

用途＿＿＿＿＿　　　　　　　密码
上列款项请从　　　　　　　　行号
我账户内支付　广东裕美家
出票人签章　　具有限公司　杨德兴
　　　　　　　财务专用章
　　　　　　　　　　　　　　复核　　记账

（背面）
附加信息：
被背书人　　　　　　　被背书人

背书人签章　　　　　　背书人签章
年　月　日　　　　　　年　月　日

（粘贴单处）

根据《中华人民共和国票据法》等法律法规的规定，签发空头支票由中国人民银行处以票面金额5%但不低于1000元的罚款。

图7-4　支票

## 记　账　凭　证

年　月　日　　　　　　　　　　　字第　号

| 摘　要 | 总账科目 | 明细科目 | 借方金额 千百十万千百十元角分 | 贷方金额 千百十万千百十元角分 | 账页或√ |
|---|---|---|---|---|---|
|  |  |  |  |  |  |
|  |  |  |  |  |  |
|  |  |  |  |  |  |
|  |  |  |  |  |  |
|  |  |  |  |  |  |
| 附属单证　　张 |  |  | 合计 |  |  |

会计主管　　　　　记账　　　　　审核　　　　　制单

图7-5　记账凭证

## 第7章 无形资产核算

【职场拓展】

### 超市浦阿姨:"蚊子兵书"

浦阿姨是某超市的清管员,在卖场里做清洁管理工作。她负责防治有害生物,如蚊虫、苍蝇。

这个岗位存在感极低,不少人可能没有听说过。对于这份不起眼的工作,浦阿姨没有敷衍潦草,一干就干了13年,灭掉的蚊子少说也有2万只。有她在的店,哪怕是最容易招虫的肉类、果蔬区都没有一只蚊子。

刚上岗时,超市给她配的是简易的塑料苍蝇拍。如果其他人拿到这种"原始"工具,就只会在卖场里挥挥拍子,只要保证顾客面前不出现蚊虫聚集现象即可,但浦阿姨不满足于此。

打蚊子简单又轻松,但治标不治本,她想从源头上防治。她先是研究蚊子。从清晨到深夜,她无时无刻不在观察蚊子的行动轨迹、行为特点,并仔细记录。日子久了,她总结出一套"作息规律":"6:00,花园及绿化带,精力十足,难打""9:00,积水处,产卵""15:00,阴凉处,睡午觉"。不同季节,她归纳出蚊子的不同习性。连蚊子最喜欢的温度、湿度范围,她都掌握得精确。

了解完对手,她开始"利其器"。从最初的苍蝇拍开始,她尝试了50多种工具,物理的、化学的……市面上现成的灭虫工具不够,她就想方设法自制:在盆里放入兑了洗洁精的水,再把蜂蜜涂抹于盆口。蚊子被甜味吸引而来,很快就被困于黏稠的泡沫水中。她还发现,蚊子最喜欢鲜艳的黄色,便将黄色的黏虫纸剪成水果形状。蚊子寻色而来,自投罗网,这招叫"色诱"。掌握了规律,她在超市内外布下"天罗地网"。在超市外的草丛中,她装上捕蝇笼,以食物作诱饵。在超市内,门帘、风幕机,又是两道"关卡"。若是还有"漏网之鱼",再往前,等待它们的是黏虫纸、黏蚊彩带、灭蚊灯。经过这"六扇门"的把守,几乎没有蚊子能逃得过去。

眼皮底下的蚊子消灭了,她还想着防治"未来"的害虫。她研究了蚊子生长的4个阶段,发现即便是在蚊子极少出没的冬季也存在蛰伏的蚊子出没的风险。于是,她把越冬虫早早扼杀在摇篮。即使超市外的区域她也要管,附近饭店、物业的垃圾桶,她主动定时消杀;在街边绿化带中,她都摆上捕蝇笼。

有人劝她:"外面捕住的虫子都不知道是谁家的,管那么多干吗?"她却说,外面不清理,超市就始终有隐患。明明不属于自己的职责范围,她却把每天的工作延伸至超市门口200米以外。

她的工作普通吗?太普通了,普通到只是一件蚊虫大小的小事,可她把这微不足道的小事做到了极致,成了"专家",以至于附近居民一到夏天都来向她讨教经验。那份"蚊虫作息表"甚至登上热搜,令人赞叹。

(资料来源:超市阿姨灭蚊13年出"兵书",阅读数1.8亿次![EB/OL].(2021-08-27).https://www.sohu.com/a/486135555_121124747.有删改。)

思考:请问该故事道出了怎样的人生哲理?

# 第8章 生物资产核算

【知识提要】

1. 生物资产是指与农业生产相关的有生命的动物和植物。生物资产具有两个显著特征：①生物资产是具有生命的动物和植物，具有能够进行生物转化的能力；②生物资产与农业生产密切相关。

2. 小企业按照价值转移方式，可以将生物资产划分为消耗性生物资产与生产性生物资产。

3. "消耗性生物资产"账户，用于核算小企业持有的消耗性生物资产的实际成本。消耗性生物资产的核算包括消耗性生物资产取得、后续支出、收获、处置以及毁损等核算。

4. "生产性生物资产"账户，用于核算小企业持有的生产性生物资产的原价。生产性生物资产的核算包括生产性生物资产取得、计提折旧、后续支出、收获、处置等方面的核算。

5. 小企业持有的生产性生物资产在其使用寿命期内应当选择年限平均法计提折旧。小企业应当自生产性生物资产投入使用月份的下月起按月计提折旧；停止使用的生产性生物资产，应当自停止使用月份的下月起停止计提折旧。

【实训训练】

一、判断题

1. 生物资产是指与农业生产相关的有生命的动物和植物。　　　　　　　　（　）
2. 消耗性生物资产通常是一次性消耗并终止其服务能力或未来经济利益，在一定程度上具有存货的特征，应当作为存货在资产负债表中列报。　　　　　　　　（　）
3. 生产性生物资产具有能够在生产经营中长期、反复使用，从而不断产出农产品或者长期役用的特征。　　　　　　　　（　）
4. 可以计入自行栽培大田作物、蔬菜的成本包括直接材料、直接人工以及其他直接费用。　　　　　　　　（　）
5. 林木类消耗性生物资产郁闭前和郁闭后发生的支出都应该费用化。　　　（　）
6. 小企业按月计提成熟生产性生物资产的折旧，应计入当期损益。　　　　（　）
7. 从生产性生物资产上收获农产品的过程中发生的应分摊的间接费用，应计入相关农产品的生产成本。　　　　　　　　（　）
8. 小企业因对外投资处置生产性生物资产取得的净收益应计入投资收益。　（　）

9. 小企业持有的生产性生物资产在其使用寿命期内应当选择"年数总和法"计提折旧。（　　）

10. 因生产性采伐而补植林木类生产性生物资产发生的后续支出，应计入生产性生物资产的成本。（　　）

## 二、单项选择题

1. 某小企业下属的非独立核算的 A 养猪场从外地购买 60 头专门用于繁育仔猪的优良种猪，支付对方货款总计 90 000 元，沿途缴纳相关管理费用 1 000 元，专程租赁运输公司运费 2 000 元（尚未支付），同时还支付了可直接归属于购买该资产的其他支出 1 500 元。判断该生物资产的类型，并确认其初始成本为（　　）元。
   A. 消耗性生物资产　93 500
   B. 生产性生物资产　93 500
   C. 消耗性生物资产　92 500
   D. 生产性生物资产　92 500

2. 下列各项中，属于消耗性生物资产的是（　　）。
   A. 奶牛　　　　B. 果树　　　　C. 肉鸡　　　　D. 种禽

3. 2023 年 6 月，某养殖小企业将 1 000 头种猪转为育肥猪，此批种猪的账面原价为 500 000 元，已计提折旧 200 000 元。则以下账务处理正确的是（　　）。
   A. 借：消耗性生物资产——育肥猪　　　　　　　　　　　500 000
     　　贷：生产性生物资产——成熟生产性生物资产　　　　500 000
   B. 借：消耗性生物资产——育肥猪　　　　　　　　　　　200 000
     　　贷：生产性生物资产——成熟生产性生物资产　　　　200 000
   C. 借：消耗性生物资产——育肥猪　　　　　　　　　　　500 000
     　　贷：生产性生物资产累计折旧　　　　　　　　　　　200 000
     　　　　生产性生物资产——成熟生产性生物资产　　　　300 000
   D. 借：消耗性生物资产——育肥猪　　　　　　　　　　　300 000
     　　　　生产性生物资产累计折旧　　　　　　　　　　　200 000
     　　贷：生产性生物资产——成熟生产性生物资产　　　　500 000

4. 2023 年 6 月 1 日，小企业 B 从市场上购入小鸡苗 5 000 只，单价为 1.4 元，此外发生运输费 300 元，保险费 200 元，装卸费 200 元，价款全部以银行存款支付。该生物资产的初始成本应为（　　）元。
   A. 7 700　　　　B. 7 500　　　　C. 7 400　　　　D. 7 000

5. 应计提折旧的生物资产是（　　）。
   A. 生产性生物资产
   B. 消耗性生物资产
   C. 成熟生产性生物资产
   D. 未成熟生产性生物资产

6. 生物资产按照价值转移方式，可以分为（　　）。
   A. 消耗性生物资产与成熟生产性生物资产

B. 生产性生物资产与成熟生产性生物资产

C. 消耗性生物资产与生产性生物资产

D. 未成熟生产性生物资产与成熟生产性生物资产

7. 甲小企业用一台拖拉机翻耕土地 200 公顷用于小麦和玉米种植,其中,120 公顷种植玉米,80 公顷种植小麦。该拖拉机原值为 85 000 元,预计净残值为 5 000 元,按照工作量法计提折旧,预计可以翻耕土地 8 000 公顷。下列账务处理,正确的是(　　)。

  A. 借：消耗性生物资产　　　　　　　　　　　　　　　　2 000
    贷：累计折旧　　　　　　　　　　　　　　　　　　　　2 000

  B. 借：农产品——玉米　　　　　　　　　　　　　　　　1 200
      ——小麦　　　　　　　　　　　　　　　　　800
    贷：累计折旧　　　　　　　　　　　　　　　　　　　　2 000

  C. 借：生产性生物资产——玉米　　　　　　　　　　　　1 200
        ——小麦　　　　　　　　　　　　　　800
    贷：累计折旧　　　　　　　　　　　　　　　　　　　　2 000

  D. 借：消耗性生物资产——玉米　　　　　　　　　　　　1 200
        ——小麦　　　　　　　　　　　　　　800
    贷：累计折旧　　　　　　　　　　　　　　　　　　　　2 000

8. 下列有关生物资产的说法,正确的是(　　)。

  A. "生产性生物资产累计折旧"账户,核算小企业成熟生产性生物资产的累计折旧

  B. 消耗性生物资产和生产性生物资产持有的目的都是为了出售

  C. 小企业应当自生产性生物资产投入使用月份的当月起按月计提折旧

  D. 生产性生物资产发生的管护、饲料费用等后续支出应当予以资本化

9. 下列关于生产性生物资产折旧的说法,正确的是(　　)。

  A. "生产性生物资产累计折旧"账户应按生产性生物资产的种类、群别等设置明细分类账,进行明细分类核算

  B. 影响生产性生物资产折旧的因素包括成熟生产性生物资产原值和预计净残值

  C. 小企业持有的生产性生物资产在其使用寿命期内应当选择"年数总和法"计提折旧

  D. 小企业按月计提成熟生产性生物资产的折旧,应记入"生产成本"账户

10. 2021 年 4 月,甲农业小企业 15 头种猪开始产仔,种猪的账面价值为 36 000 元,2023 年 9 月,将这 15 头种猪作价 25 000 元出售。甲农业小企业按照 3 年对种猪计提折旧,采用小企业会计准则核算。下列说法中,不正确的是(　　)。

  A. 处置该生产性生物资产时应计提资产减值损失 11 000 元

  B. 至 2023 年 9 月累计计提折旧 29 000 元

  C. 2021 年 4～2023 年 9 月,每月计提折旧额 1 000 元

  D. 处置该生产性生物资产的营业外收入为 18 000 元

## 三、会计核算题

A小企业属于农业小企业,2023年下半年发生如下经济业务,请编制相关会计分录。

1. 8月发生种猪的饲养费如下:领用饲料1 000千克,计2 000元,应付饲养人员工资5 000元,以现金支付防疫费800元。

2. 9月1日,从市场上一次性购买6头种牛、15头种猪和600头猪苗,单价分别为4 000元、1 400元、250元,支付的价款共计195 000元。此外,发生的运输费为4 500元、保险费3 000元、装卸费2 250元,款项全部以银行存款支付。

3. 10月20日,将育成的仔猪60头出售给丁食品加工厂,价款总额为35 000元,货款尚未收到。出售仔猪的账面价值为28 000元。

4. 11月10日,死亡2~4个月的幼猪3头,其账面余额300元,原因待查;11月16日,经查明,这3头幼猪是因为体弱被其他幼猪踩死的。

5. 12月12日,将80头种猪转为育肥猪,该批种猪的账面原值为600 000元,已计提折旧为200 000元。

**四、会计实操题**（要求完成未填好的原始凭证，填制记账凭证）

1. 广东精元农业有限公司（法定代表人：李国成；地址、电话：增城区小楼镇新庄，32637584；开户行及账号：建行小楼支行，11606396204）2023年8月8日，向广州新成食品有限公司（地址、电话：番禺区西丽路62号，56367542；开户行及账号：农行西丽支行，11682674124）销售生猪50头，开出增值税普通发票，货款已收到，如图8-1至图8-5所示。

## 电子发票（增值税专用发票） №214523031

开票日期：2023年08月08日

| 购买方信息 | 名称：广州新成食品有限公司<br>统一社会信用代码/纳税人识别号：<br>440106256268385 | 销售方信息 | 名称：广东精元农业有限公司<br>统一社会信用代码/纳税人识别号：<br>440103568263542 |
|---|---|---|---|

| 项目名称 | 规格型号 | 单位 | 数量 | 单价 | 金额 | 税率 | 税额 |
|---|---|---|---|---|---|---|---|
| *农产品*生猪 |  | 头 | 50 | 1500.00 | 75000.00 | *** | *** |
| 合　　计 |  |  |  |  | ￥75000.00 |  | *** |

| 价税合计（大写） | ⊗柒万伍仟圆整 | （小写）￥75000.00 |
|---|---|---|
| 备注 | | |

开票人：李丽芬

图8-1　增值税普通发票

## 产品出库单

2023年8月8日　　　　　　　　　　　　　　　　　　　　第01001号

| 产品名称 | 规格 | 型号 | 单位 | 数量 | 单位成本 | 金额(元) |
|---|---|---|---|---|---|---|
| 生猪 |  |  | 头 | 50 |  |  |

仓库主管：陈丽颖　　　　　　　复核：李红梅　　　　　　　制单：梁晓芳

图8-2　产品出库单

## 中国农业银行支票（粤）　　GS 03124021

付款期限自出票之日起十天

出票日期（大写）贰零贰叁年捌月零捌日　　付款行名称：农行西丽支行
收款人：广东精元农业有限公司　　　　　　出票人账号：11682674124

人民币（大写）　柒万伍仟元整

| 千 | 百 | 十 | 万 | 千 | 百 | 十 | 元 | 角 | 分 |
|---|---|---|---|---|---|---|---|---|---|
|  |  | ¥ | 7 | 5 | 0 | 0 | 0 | 0 | 0 |

用途　支付货款

上列款项请从我账户内支付

出票人签章：广州新成食品有限公司财务专用章　陈家成

密码＿＿＿＿＿　行号＿＿＿＿＿　复核　记账

附加信息：　　被背书人：　　　　　　被背书人：

背书人签章　　　　　　　背书人签章
年　月　日　　　　　　　年　月　日

图 8-3　转账支票

### 中国建设银行进账单（回　单）　1
年　月　日

| 出票人 | 全称 |  | 收款人 | 全称 |  | 此联是开户银行交给持（出）票人的回单 |
|---|---|---|---|---|---|---|
|  | 账号 |  |  | 账号 |  |  |
|  | 开户银行 |  |  | 开户银行 |  |  |
| 金额 | 人民币（大写） |  |  | 亿千百十万千百十元角分 |  |  |

| 票据种类 |  | 票据张数 |  |  |
|---|---|---|---|---|
| 票据号码 |  |  |  |  |
| 复核 |  | 记账 |  | 开户银行盖章 |

图 8-4　银行进账单

## 记 账 凭 证

年　月　日　　　　　　　　　　　　　　　　　　字第　号

| 摘　要 | 总账科目 | 明细科目 | 借方金额 千百十万千百十元角分 | 贷方金额 千百十万千百十元角分 | 账页或√ |
|---|---|---|---|---|---|
|  |  |  |  |  |  |
|  |  |  |  |  |  |
|  |  |  |  |  |  |
|  |  |  |  |  |  |
|  |  |  |  |  |  |
| 附属单证　　张 |  | 合计 |  |  |  |

会计主管　　　　　　　记账　　　　　　　审核　　　　　　　制单

图 8-5　记账凭证

2. 广东精元农业有限公司(地址、电话：增城区小楼镇新庄，32637584；开户行及账号：建行小楼支行，11606396204)2023年8月16日，向广东护农饲料有限公司(地址、电话：梅州市梅江路25号，8835632；开户行及账号：建行梅江支行，18722683146)采购饲料一批，收到增值税专用发票，款项已付，但饲料尚未收到，如图8-6至图8-8所示。

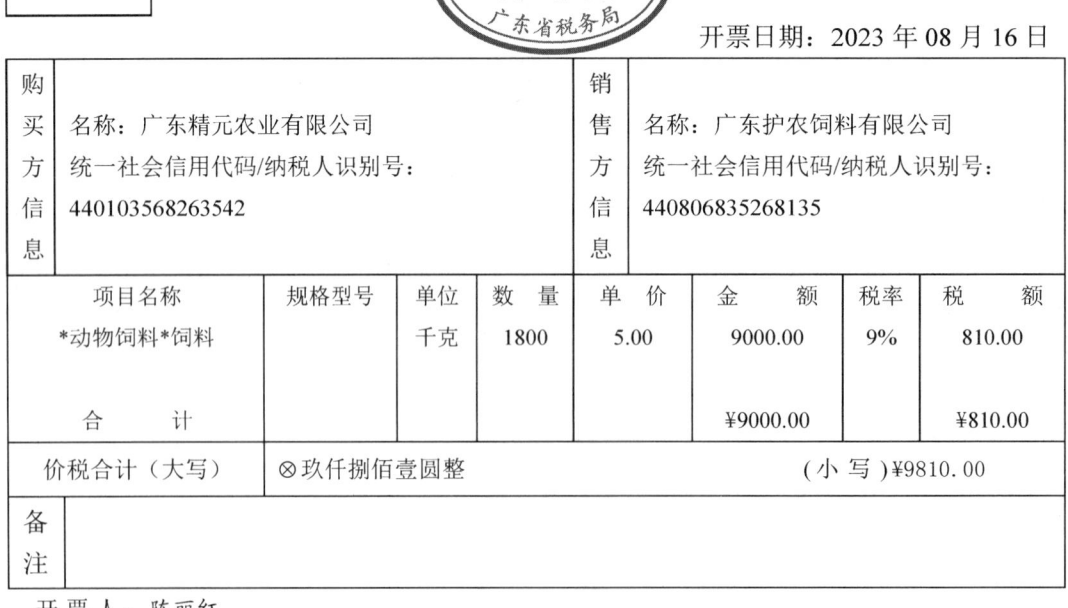

图 8-6　增值税专用发票

## 电汇凭证（回单） 1 No 006890301

| 第 号 | | | | 委托日期 年 月 日 | |
|---|---|---|---|---|---|
| 汇款人 | 全 称 | | 收款人 | 全 称 | |
| | 账号或住址 | | | 账号或住址 | |
| | 汇出地点 | 汇出行名称 | | 汇入地点 | 汇入行名称 |
| 金额 | 人民币（大写） | | 千 百 十 万 千 百 十 元 角 分 | | |
| 汇款用途： | | | | | |
| 上列款项已根据委托办理，如需查询，请持此回单来行面谈 | | | （汇出行盖章） | | |

此联汇出行给汇款人的回单

图 8-7 电汇凭证回单

## 记 账 凭 证

年 月 日　　　　　　　字第 号

| 摘　要 | 总账科目 | 明细科目 | 借方金额 | 贷方金额 | 账页或√ |
|---|---|---|---|---|---|
| | | | 千百十万千百十元角分 | 千百十万千百十元角分 | |
| | | | | | |
| | | | | | |
| | | | | | |
| | | | | | |
| | | | | | |
| 附属单证　张 | | 合计 | | | |

会计主管　　　　　　记账　　　　　　审核　　　　　　制单

图 8-8 记账凭证

【职场拓展】

### 王津：择一事，终（钟）一生

王津年轻时去故宫上班，一开始分配在故宫图书馆工作。可是，上班第一天，他却被安排到故宫钟表室，跟着师父学习修复钟表。修钟表一直是故宫里一个冷门且辛苦的岗位，之前师父收的两个徒弟，都因为工作辛苦，没干多久就走了。而王津一看到故宫珍藏的

1 500多件各式各样的古钟表,就被震撼了,从此爱上了修钟表。

钟表修复要用煤油清洗机械构件,双手必须长年累月地与煤油打交道,但他从不叫苦,因为他一直记着师父的告诫:"宁可伤手,不能伤文物。"经过苦心钻研,王津掌握了精湛的修复技法,一干就是40多年,经他手修复过的钟表有300多件。

王津说:"要想修好一件馆藏古钟,耗时少则两个月,多则一年,只有真正喜爱这项事业的人,才可能耐得住寂寞。我是择一事,'钟'一生。我特别想做得精益求精,把文物恢复到最好的状态,清理到最干净,让它延年益寿,再过200年还能看到它。"令王津没有想到的是,随着纪录片《我在故宫修文物》的热播,文物修复师这个有点冷门的职业一下子火了,王津也因此出了名,还被封为"故宫男神",向他拜师学艺的人络绎不绝。

(资料来源:谈笑封侯.只要心热,冷门不冷[J].演讲与口才,2022(16):48-49.)

**思考**:请问该故事道出了怎样的人生哲理?

# 第9章 应付款项核算

【知识提要】

1. 应付账款是指小企业因购买材料、商品或接受劳务供应等日常生产经营活动应支付的款项。应付账款一般应按实际应付金额(即发票等结算凭证记载的金额)计价入账。

2. 预收账款是指小企业按照合同规定,向购货单位或接受劳务方预先收取的款项,包括预收的购货款和工程款等。它是供货方或提供劳务方预先向购货方或接受劳务方收取一部分货款或订金而形成的一项负债,该项负债需要小企业在一定时间内提供货物或劳务偿付。

3. 应付票据是指小企业因购买材料、商品和接受劳务供应等日常生产经营活动而开出、承兑的商业汇票。商业汇票按承兑人的不同,分为商业承兑汇票和银行承兑汇票。

4. 长期应付款是指小企业除了长期借款的其他各种长期应付款项。长期应付款包括小企业采用融资租赁方式租入固定资产形成的应付融资租入固定资产的租赁费、以分期付款方式购入固定资产而形成的应付以分期付款方式购入资产的款项等。

5. 小企业融资租入固定资产,在租赁期开始日,按照租赁合同约定的付款总额和在签订租赁合同过程中发生的相关税费等,借记"固定资产""在建工程"等账户,贷记"长期应付款"等账户。

6. 其他应付款是指小企业除了应付票据、应付账款、预收账款、应付职工薪酬、应交税费、应付利息和应付利润等以外的各种其他应付、暂收的款项。其他应付款包括应付租入固定资产和包装物的租金,存入保证金(押金)等。

【实训训练】

一、判断题

1. 应付账款一般应按实际应付金额(即发票等结算凭证记载的金额)计价入账。(　　)
2. "应付账款"是负债类账户,因此,"应付账款"账户不会出现借方余额。 (　　)
3. 小企业无力支付的到期银行承兑汇票款,应将应付票据的账面余额转作应付账款。
(　　)
4. 存在商业折扣的购货,小企业应按不扣除商业折扣的金额计价入账。 (　　)
5. 在材料、商品等物资和发票等结算凭证同时到达的情况下,应付账款一般在发票等结算凭证收到后,根据发票等结算凭证所列金额入账。 (　　)
6. 应付商业承兑汇票到期,如小企业无力支付票据款,应将应付票据的账面余额转作短期借款。 (　　)
7. 应付票据是指小企业因购买材料、商品和接受劳务供应等日常生产经营活动而开出、承兑的商业承兑汇票。                                              (    )

8. 小企业应设置"长期应付款"账户,核算小企业长期应付款的发生、偿还和结存情况。
                                                                  (    )

9. "其他应付款"账户应按其他应付款项的种类和对方单位(或个人)设置明细分类账,进行明细分类核算。                                                    (    )

10. "长期应付款"账户应按照长期应付款的种类和债权人进行明细账户核算。(    )

## 二、单项选择题

1. 应付账款如果存在现金折扣,则其入账价值是(    )。
   A. 合同金额                    B. 发票金额
   C. 发票金额扣除可能存在的折扣    D. 存货买价扣除增值税

2. 小企业在折扣期内付款而获得现金折扣,应在偿付应付账款时冲减(    )。
   A. 应付账款    B. 管理费用    C. 财务费用    D. 营业外支出

3. 应付商业承兑汇票到期,如果小企业无力支付票据款,应将应付票据的账面余额转作(    )。
   A. 应收账款    B. 预收账款    C. 应付账款    D. 其他应付款

4. 材料、商品等物资和发票账单同时到达的情况下,应付账款的入账时间为(    )。
   A. 材料、商品等物资到达时        B. 发票账单到达时
   C. 销货方发出材料、商品等物资时   D. 材料、商品等物资验收入库后

5. 小企业开出商业承兑汇票抵付应付账款时,应借记(    )账户。
   A. "应付票据"    B. "预付账款"    C. "其他应付款"    D. "应付账款"

6. 银行承兑汇票到期无法偿付时,债务企业应进行的账务处理是(    )。
   A. 转作短期借款                B. 转作应付账款
   C. 转作其他应付款              D. 不进行账务处理

7. 采用预收货款方式销售商品且会计上单设"预收账款"账户核算,当收到购货单位补付的货款时,应当(    )。
   A. 贷记"应收账款"账户          B. 贷记"预付账款"账户
   C. 贷记"预收账款"账户          D. 借记"预收账款"账户

8. 委托加工的应税消费品收回后准备直接出售,关于受托方代收代缴的消费税,委托方应做的处理是(    )账户。
   A. 借记"在途物资"              B. 借记"委托加工物资"
   C. 借记"应交税费——应交消费税"  D. 借记"库存商品"

9. 如果应付账款由于债权单位撤销或其他原因而使小企业无法支付,这笔无法支付的应付款项,应作为小企业的(    )。
   A. 冲减财务费用                B. 资本公积
   C. 冲减管理费用                D. 营业外收入

10. 下列项目中,可以通过"长期应付款"账户核算的是(    )。

A. 融资租入固定资产的应付款
B. 经营租入固定资产应付的租赁费
C. 为购建固定资产向银行借入的超过 1 年的款项
D. 为购买材料而向银行借入的 1 年以下的款项

**三、会计核算题**

1. 2023 年 6 月 1 日,某小企业购入一批原材料,价款为 100 000 元,增值税额 13 000 元,当日开出一张为期 3 个月、面值为 113 000 元的银行承兑汇票给对方,银行承兑汇票的手续费按面值的 0.5% 收取。9 月 1 日汇票到期,小企业以支票支付。

2. 2023 年 6 月 15 日,某小企业收购免税农产品一批,价款为 200 000 元,款项以转账支票支付。收购农产品已验收入库。该小企业按实际成本法进行材料日常核算,增值税扣除率为 9%。

3. 甲公司为一般纳税人,2023 年 8 月发生如下经济业务,请编制相关会计分录。
(1) 2 日,向百利公司采购 A 材料,增值税专用发票上注明价款 900 000 元,增值税额 117 000 元,另支付运费 2 000 元,增值税额 180 元,发票账单已经到达,材料已验收入库,款项已通过银行支付。

(2) 7 日,销售 B 产品 5 000 件,单价 200 元,单位成本 150 元;该产品增值税税率为 13%,消费税税率为 10%。产品已发出,已办妥托收手续。

(3) 10 日,收购农产品一批,实际支付价款 80 000 元,农产品已验收入原材料库,增值税扣除率为 9%。

(4) 15 日,委托永利公司加工一批物资,发出材料成本 100 000 元,加工费用 25 000 元。加工过程中发生增值税 3 250 元,消费税 2 500 元,由受托单位代收代缴。物资加工完毕并验收入产成品库,准备直接对外销售。加工费用和应缴的增值税、消费税已通过银行与永利公司结算。

(5) 17 日,购入设备一台,增值税专用发票注明价款 180 000 元,增值税额 23 400 元;协议规定公司按不含税价款享有现金折扣条件为(2/10,1/20,n/30),另以银行存款支付运费 2 000 元,增值税额 180 元,设备已投入使用。

(6) 24 日,以银行存款支付 17 日购买设备的价税款。

4. 2023 年 9 月 10 日,某小企业以分期付款方式向某机电公司购入一台生产设备,按照双方协议,该设备的购买价款为 100 000 元,增值税税率为 13%。此外,公司还用银行存款支付了运输费、装卸费、调试费等 2 000 元。

**四、会计实操题**(要求完成未填好的原始凭证,填制记账凭证)

1. 2023 年 8 月 14 日,广东裕美家具有限公司向广州永安包装材料公司购买 A、B 型包装箱一批,收到增值税专用发票,包装箱已验收入库,货款尚未支付,如图 9-1 至图 9-3 所示。

图 9-1 增值税专用发票

## 包装物入库单

2023 年 8 月 14 日          金额单位:元

| 包装物名称 | 规格型号 | 单位 | 应收数量 | 实收数量 | 金额 |
|---|---|---|---|---|---|
| A 型包装箱 | | 个 | 300 | 300 | 600.00 |
| B 型包装箱 | | 个 | 300 | 300 | 1 200.00 |

仓库主管:陈德明          验收:李怡华          收料:朱永材

图 9-2 包装物入库单

## 记 账 凭 证

年　月　日　　　　　　　　　　　　　　　　　字第　号

| 摘　　要 | 总账科目 | 明细科目 | 借方金额 千百十万千百十元角分 | 贷方金额 千百十万千百十元角分 | 账页或√ |
|---|---|---|---|---|---|
|  |  |  |  |  |  |
|  |  |  |  |  |  |
|  |  |  |  |  |  |
|  |  |  |  |  |  |
|  |  |  |  |  |  |
|  |  |  |  |  |  |
| 附属单证　　张 |  | 合计 |  |  |  |

会计主管　　　　　　　记账　　　　　　　审核　　　　　　　制单

图 9-3　记账凭证

2.2023年8月16日,广东裕美家具有限公司向广东利源木材工业公司购买材料一批,材料已验收入库,收到增值税专用发票,款项以银行承兑汇票支付,如图9-4至图9-7所示。

## 电子发票(增值税专用发票)

动态二维码　　　　　　　　　　　　　　　　　　　　　No 421061302

开票日期：2023年08月16日

| 购买方信息 | 名称：广东裕美家具有限公司<br>统一社会信用代码/纳税人识别号：<br>440103256268024 | 销售方信息 | 名称：广东利源木材工业公司<br>统一社会信用代码/纳税人识别号：<br>440806835268026 |
|---|---|---|---|

| 项目名称 | 规格型号 | 单位 | 数量 | 单价 | 金　额 | 税率 | 税　额 |
|---|---|---|---|---|---|---|---|
| *林业产品*木条 |  | 根 | 1600 | 18.00 | 28800.00 | 13% | 3744.00 |
| *林业产品*木板 |  | 块 | 700 | 68.00 | 47600.00 | 13% | 6188.00 |
| 合　　计 |  |  |  |  | ¥76400.00 |  | ¥9932.00 |

| 价税合计（大写） | ⊗捌万陆仟叁佰叁拾贰圆整 | (小 写)¥86332.00 |
|---|---|---|

| 备注 |  |
|---|---|

开票人：陈红娜

图 9-4　增值税专用发票

## 收 料 单

2023 年 8 月 16 日

金额单位:元

| 材料名称 | 规格型号 | 单位 | 应收数量 | 实收数量 | 金额 |
|---|---|---|---|---|---|
| 木条 | | 根 | 1 600 | 1 600 | 28 800.00 |
| 木板 | | 块 | 700 | 700 | 47 600.00 |

仓库主管:陈德明　　　　　　验收:李怡华　　　　　　收料:朱永材

图 9-5　收料单

## 银行承兑汇票　　4

出票日期（大写）：贰零贰叁年捌月壹拾陆日　　　汇票号码：0135836

| 出票人全称 | 广东裕美家具有限公司 | 收款人 | 全称 | 广东利源木材工业公司 | | | | | | | | | |
|---|---|---|---|---|---|---|---|---|---|---|---|---|---|
| 出票人账号 | 11682674052 | | 账号 | 18722683058 | | | | | | | | | |
| 付款行全称 | 建行东环支行 | | 开户银行 | 中行梅江支行 | | | | 行号 | | 15056 | | | |
| 出票金额 | 人民币（大写）捌万陆仟叁佰叁拾贰元整 | | | 亿 | 千 | 百 | 十 | 万 | 千 | 百 | 十 | 元 | 角 | 分 |
| | | | | | | | ¥ | 8 | 6 | 3 | 3 | 2 | 0 | 0 |
| 汇票到期日（大写） | 贰零贰叁年零壹拾月壹拾陆日 | 付款行 | 行号 | 01692 | | | | | | | | | |
| 承兑协议编号 | 0040119430 | | 地址 | 番禺区东环路 100 号 | | | | | | | | | |

本汇票请你行承兑,此项汇票款我单位承兑协议于到期日前足额交存银行,到期请予以支付。

广东裕美家具有限公司　财务专用章

杨德兴

出票人签章

本汇票已承兑,到期由本行承付。

承兑行签章

承兑日期:2023.08.16

备注:

此联作为签发单位记账凭证附件

图 9-6　银行承兑汇票存根

## 记 账 凭 证

年　月　日　　　　　　　　　　　　　　　字第　号

| 摘要 | 总账科目 | 明细科目 | 借方金额 | | | | | | | | | 贷方金额 | | | | | | | | | 账页或√ |
|---|---|---|---|---|---|---|---|---|---|---|---|---|---|---|---|---|---|---|---|---|---|
| | | | 千 | 百 | 十 | 万 | 千 | 百 | 十 | 元 | 角 | 分 | 千 | 百 | 十 | 万 | 千 | 百 | 十 | 元 | 角 | 分 | |
| | | | | | | | | | | | | | | | | | | | | | | |
| | | | | | | | | | | | | | | | | | | | | | | |
| | | | | | | | | | | | | | | | | | | | | | | |
| | | | | | | | | | | | | | | | | | | | | | | |
| | | | | | | | | | | | | | | | | | | | | | | |
| 附属单证　　张 | | 合计 | | | | | | | | | | | | | | | | | | | | |

会计主管　　　　　　　记账　　　　　　　审核　　　　　　　制单

图 9-7　记账凭证

**【职场拓展】**

## 犯其至难,方能图其至远

吴孟超年轻时师从著名外科学家裘法祖,从查房、检查病人到科研、开刀,一直与裘法祖在一起,并且把裘法祖的一言一行、一举一动都写下来。裘法祖曾用四个"非常"赞扬吴孟超:"非常勤奋、非常刻苦、非常聪明、对病人非常好。"

有一次,一个叫陆本海的安徽农民来找吴孟超时肚子大得像十月怀胎的孕妇。吴孟超仔细检查后,确认他肚子里的是一个罕见的特大肝海绵状血管瘤,瘤子直径竟达68厘米!在无人敢做手术的情况下,年轻的吴孟超却要接手,大家都劝他三思而后行。吴孟超说:"如果遇到高难度的手术大家都不做,如果一个医生在风险面前过多考虑自己的名利得失,那无数病人就可能在医生的犹豫和叹息中抱憾离开人世。"

手术当天,吴孟超整整花费12个小时,切下重达18公斤的巨大瘤子,这个重量至今还保持着世界纪录。当时远在武汉的裘法祖听说手术成功后,觉得非常了不起,专程赶到上海向吴孟超学习。裘法祖说:"这么难的手术,我也做不了,吴孟超的外科水平已经超过了我,他是青出于蓝而胜于蓝啊!"

志不求易者成,事不避难者进。干事创业,就当拿出"不以事艰而不为,不以任重而畏缩"的锐气勇气,敢于接"烫手的山芋"。吴孟超不仅有着治病救人的仁心情怀,更有着舍我其谁的责任担当,所以他能勇于走别人没有走过的路,做别人没有做过的手术,突破手术"禁区"。吴孟超从医78年,自主创新重大医学成果30多项,主刀16 000多例手术,救治了20 000多名患者。这个难以复制的医疗奇迹,永远让人敬佩。

(资料来源:如日方升.犯其至难,方能图其至远[J].演讲与口才,2022(19):48-49.)

**思考**:请问该故事道出了怎样的人生哲理?

# 第 10 章　生产费用核算

【知识提要】

1. 费用是指小企业在日常活动中发生的、会导致所有者权益减少的、与向所有者分配利润无关的经济利益的总流出。费用的类型主要包括：①按经济用途，可分为构成产品成本的费用和期间费用；②按经济内容，可分为外购材料费用、外购燃料费用、外购动力费、工资及福利费等费用要素。

2. 小企业应当按照实际发生额核算成本和费用。采用定额成本、计划成本方法核算的，应当合理计算分摊成本差异，月终计算确定实际成本费用，编制会计报表时采用实际成本。

3. 小企业在生产过程中发生的、用货币形式表示的生产耗费，称为生产费用。这些费用归集、分配到一定种类的产品中，从而形成各种产品的生产成本，即小企业为生产一定种类、一定数量产品所支出的各种生产费用对象化于产品，就形成了这些产品的成本。

4. 直接材料是指小企业在生产产品过程中实际消耗的、直接用于产品生产、构成产品实体的原材料、半成品、辅助材料、修理用备件和材料在使用过程中发生的运输、装卸、整理等费用。小企业为生产产品领用直接材料，根据各产品领用的材料量，借记"生产成本——基本生产成本"账户，贷记"原材料"账户。

5. 直接人工是指小企业在生产产品过程中直接从事产品生产工人的职工薪酬。小企业为生产产品而发生的直接人工，应根据工资结算汇总表和有关分配标准等资料，借记"生产成本——基本生产成本"账户，贷记"应付职工薪酬"账户。

6. 制造费用是指小企业为生产产品和提供劳务而发生的各项间接费用。制造费用一般应按生产车间或部门进行归集，再根据制造费用的性质，合理选择方法进行分配。小企业发生的各项制造费用，经归集与分配，最终转入产品生产成本。

7. 小企业产品成本计算是指把生产过程中发生的应计入产品成本的费用，以产品作为成本核算对象进行归集，计算出各产品的总成本和单位成本。

8. 小企业产品生产完成并验收入库时，应由生产车间按照交库数量填写完工产品入库单，交仓库点收数量并登记明细账。月末，根据完工产品入库单和成本计算资料，编制完工产品入库汇总表，按其实际成本，借记"库存商品"账户，贷记"生产成本——基本生产成本"账户。

【实训训练】

一、判断题

1. 小企业应当按照实际发生额核算成本和费用。　　　　　　　　　　　　（　　）
2. 制造费用和管理费用都是本期发生的生产费用，因此，均应计入当期损益。（　　）

3. 小企业为组织生产经营活动而发生的一切管理活动的费用,包括车间管理费用和企业管理费用,都应作为期间费用处理。（  ）

4. 小企业在生产过程中发生的、用货币形式表示的生产耗费,称为生产成本。（  ）

5. 成本核算对象的确定是设立成本明细分类账户、归集和分配生产成本以及选择成本计算方法、正确计算成本的前提。（  ）

6. 制造费用是指小企业为生产产品（或提供劳务）而发生的,应计入产品成本但没有专设成本项目的各项生产费用。（  ）

7. 凡与本期收入有因果关系的耗费,都应当确认为本期费用。（  ）

8. 小企业经过1年期以上的制造才能达到预定可销售状态的产品发生的借款费用应在"制造费用"账户核算。（  ）

9. 辅助生产成本可以直接计入所生产产品发生的生产成本。（  ）

10. 在产品包括达到预定销售状态的自制半成品。（  ）

## 二、单项选择题

1. 小企业为生产产品领用材料,根据各产品领用的材料量,借记(　　)账户。
   A. "生产成本"　　　　B. "原材料"　　　　C. "库存商品"　　　　D. "制造费用"

2. 在产品发生盘亏时,经查明属于车间管理不善造成的损失,应转入(　　)。
   A. 生产成本　　　　B. 管理费用　　　　C. 营业外支出　　　　D. 制造费用

3. 下列各项中,属于构成产品成本的费用的是(　　)。
   A. 制造费用　　　　B. 管理费用　　　　C. 财务费用　　　　D. 销售费用

4. 下列各项中,不属于制造费用项目的是(　　)。
   A. 车间机物料消耗　　　　　　　　B. 车间管理人员薪酬
   C. 管理部门办公费　　　　　　　　D. 季节性停工损失

5. 以产品品种为成本核算对象的成本计算方法,简称为(　　)。
   A. 分批法　　　　B. 品种法　　　　C. 分步法　　　　D. 多步法

6. 下列各项中,不属于"库存商品"账户核算范围的是(　　)。
   A. 存放在门市部准备出售的商品　　　　B. 发出展览的商品
   C. 寄存在外的商品　　　　　　　　　　D. 劳保用品

7. 月末,根据完工产品入库单和成本计算资料,编制"完工产品入库汇总表",按其实际成本,借记(　　)账户。
   A. "原材料"　　　　　　　　　　　B. "制造费用"
   C. "库存商品"　　　　　　　　　　D. "周转材料"

8. 小企业在生产产品过程中实际消耗的、直接用于产品生产、构成产品实体的原材料、半成品、辅助材料、修理用备件和材料在使用过程中发生的运输、装卸、整理等费用,称为(　　)。
   A. 原材料　　　　　　　　　　　　B. 直接材料
   C. 辅助材料　　　　　　　　　　　D. 周转材料

9. "库存商品"账户的借方发生额包括( )。

A. 已完成生产过程并验收入库的产成品的实际成本

B. 发出(售出)产成品的实际成本

C. 盘亏产成品的实际成本

D. 毁损产成品的实际成本

10. 下列各项中,不属于产品成本计算方法的是( )。

A. 品种法   B. 分批法

C. 分步法   D. 分类法

### 三、会计核算题

根据以下经济业务,编制相关会计分录。

1. 广东裕美家具有限公司归集汇总2023年9月份发生的制造费用,依据产品生产工时进行分配,制造费用分配表,如表10-1所示。

表10-1　　　　　　　　　　制造费用分配表

2023年9月30日

| 产品项目 | 分配标准(工时) | 分配率(元/工时) | 分配金额(元) |
|---|---|---|---|
| 办公桌 | 2 400 | 9.00 | 21 600.00 |
| 沙发 | 2 600 | 9.00 | 23 400.00 |
| 合计 | 5 000 | 9.00 | 45 000.00 |

根据表10-1进行本月制造费用分配的总分类核算,如图10-1所示。

### 记 账 凭 证

年　月　日　　　　　　　　　　　　　　　　　字第　号

| 摘要 | 总账科目 | 明细科目 | 借方金额 千百十万千百十元角分 | 贷方金额 千百十万千百十元角分 | 账页或√ |
|---|---|---|---|---|---|
|  |  |  |  |  |  |
|  |  |  |  |  |  |
|  |  |  |  |  |  |
|  |  |  |  |  |  |
|  |  |  |  |  |  |
| 附属单证　　　张 |  | 合计 |  |  |  |

会计主管　　　　　　　　记账　　　　　　　审核　　　　　　　制单

图10-1　记账凭证

2. 广东裕美家具有限公司2023年9月应付工资总额为90 000元,工资费用分配汇总表,如表10-2所示。

表 10-2　　　　　　　　　　　工资费用分配汇总表

2023 年 9 月 30 日　　　　　　　　　　　　　　　　金额单位:元

| 应借科目 | | 生产工人 | 车间管理 | 行政管理 | 合计 |
|---|---|---|---|---|---|
| 生产成本 | 办公桌 | 28 000.00 | | | 28 000.00 |
| | 沙发 | 32 000.00 | | | 32 000.00 |
| 制造费用 | | | 16 000.00 | | 16 000.00 |
| 管理费用 | | | | 14 000.00 | 14 000.00 |
| 合计 | | 60 000.00 | 16 000.00 | 14 000.00 | 90 000.00 |

根据表 10-2 工资费用分配汇总表进行工资费用的分配核算,如图 10-2 所示。

## 记 账 凭 证

年　月　日　　　　　　　　　　　　　　　　字第　号

| 摘要 | 总账科目 | 明细科目 | 借方金额 千百十万千百十元角分 | 贷方金额 千百十万千百十元角分 | 账页或√ |
|---|---|---|---|---|---|
|  |  |  |  |  |  |
|  |  |  |  |  |  |
|  |  |  |  |  |  |
|  |  |  |  |  |  |
|  |  |  |  |  |  |
| 附属单证　　张 |  | 合计 |  |  |  |

会计主管　　　　　　记账　　　　　　审核　　　　　　制单

图 10-2　记账凭证

3. 广东裕美家具有限公司对原材料采用实际成本法进行核算,根据 2023 年 9 月份领料单等发料凭证汇总编制本月发出材料汇总表,如表 10-3 所示。

表 10-3　　　　　　　　　　　发出材料汇总表

2023 年 9 月 30 日　　　　　　　　　　　　　　　　金额单位:元

| 部门/用途 | 木条 | | | 木板 | | | 油漆 | | | 合计 |
|---|---|---|---|---|---|---|---|---|---|---|
| | 数量 | 单价 | 金额 | 数量 | 单价 | 金额 | 数量 | 单价 | 金额 | |
| 办公桌 | 2 030 | 25 | 50 750 | 870 | 80 | 69 600 | 87 | 280 | 24 360 | 144 710 |
| 沙发 | 2 100 | 25 | 52 500 | 840 | 80 | 67 200 | 126 | 280 | 35 280 | 154 980 |
| 合计 | 4 130 | 25 | 103 250 | 1 710 | 80 | 136 800 | 213 | 280 | 59 640 | 299 690 |

根据表 10-3 进行本月发出材料的总分类核算,如图 10-3 所示。

## 记 账 凭 证

年 月 日　　　　　　　　　　　　　　　　　　　字第　号

| 摘　要 | 总账科目 | 明细科目 | 借方金额 千百十万千百十元角分 | 贷方金额 千百十万千百十元角分 | 账页或√ |
|---|---|---|---|---|---|
|  |  |  |  |  |  |
|  |  |  |  |  |  |
|  |  |  |  |  |  |
|  |  |  |  |  |  |
|  |  |  |  |  |  |
| 附属单证　张 |  | 合计 |  |  |  |

会计主管　　　　　　　记账　　　　　　　审核　　　　　　　制单

**图 10-3　记账凭证**

4. 广东裕美家具有限公司 2023 年 9 月没有期初在产品，本月投入产品全部完工入库，本月完工产品成本计算表，如表 10-4 所示。

表 10-4　　　　　　　　　　　完工产品成本计算表

2023 年 9 月 30 日　　　　　　　　　　　　　　　　金额单位：元

| 产品名称 | 完工产品数量 | 直接材料 | 直接人工 | 制造费用 | 合计 |
|---|---|---|---|---|---|
| 办公桌 | 600 张 | 144 710.00 | 47 620.00 | 21 270.00 | 213 600.00 |
| 沙发 | 400 套 | 154 980.00 | 51 280.00 | 22 940.00 | 229 200.00 |

根据表 10-4 进行本月完工产品成本计算的总分类核算，如图 10-4 所示。

## 记 账 凭 证

年 月 日　　　　　　　　　　　　　　　　　　　字第　号

| 摘　要 | 总账科目 | 明细科目 | 借方金额 千百十万千百十元角分 | 贷方金额 千百十万千百十元角分 | 账页或√ |
|---|---|---|---|---|---|
|  |  |  |  |  |  |
|  |  |  |  |  |  |
|  |  |  |  |  |  |
|  |  |  |  |  |  |
|  |  |  |  |  |  |
| 附属单证　张 |  | 合计 |  |  |  |

会计主管　　　　　　　记账　　　　　　　审核　　　　　　　制单

**图 10-4　记账凭证**

**【职场拓展】**

### 脚踏实地是成长路上最大的智慧

上大二那年,我开始写小说。几个要好的同学纷纷劝阻我,他们觉得我文笔一般,偶尔写写东西还会用错成语,怎么能写小说呢。

事实证明,我确实不是一个有天赋的人。平时脑海中有很多想法,可真正动手写时才发现,我连开篇的第一句话都写不好。好不容易磨出了几万字的作品,向多个杂志投稿都石沉大海。我又转战文学网站,投出数十篇稿子,不是被拒稿就是没回应。这让我心灰意冷,一度认为自己是在浪费时间,根本不适合写作。

一次偶然的机会,我向一位前辈请教自己的疑惑,他这样回答我:"没有人天生就会写作,即便是天才,也得学会积累。"

这句话点醒了我。我开始每天坚持读书,把看到的好句子摘抄下来,琢磨遣词造句的方法。每看完一部小说,我都会在纸上认真梳理出人物、情节这些要素。半年的时间,我就用掉了200多张A4纸。

有一次,我打算写一本有关美食的小说。为了让小说贴近生活,我天天看菜谱,对各种菜系也都一一研究记录。在动笔写正文前,我花费了两个多月的时间来拟订全书的大纲。写完后投稿,我很快就收到了编辑的回复,直接签约发表。后来的3年时间,我完成了400多万字的写作,还成功加入市级作家协会。

我很庆幸当初没有半途而废。原来,所有向上生长的盛景,都离不开日复一日地向下扎根。曾看过这样一句话:"成功之所以那么难,是因为它在考验一个人到底能付出多少坚持的决心。"

(资料来源:佚名.脚踏实地,是成长路上最大的智慧[EB/OL].(2021-04-06). https://www.cqcb.com/manxinwen/manxinwen/2021-04-06/3957912_pc.html.)

**思考**:请问该故事道出了怎样的人生哲理?

# 第 11 章　职工薪酬核算

【知识提要】

1. 职工薪酬是指小企业为获得职工提供的服务而给予职工各种形式的报酬以及其他相关支出，主要由职工工资、奖金、津贴和补贴，职工福利费，社会保险费，住房公积金，工会经费和职工教育经费，非货币性福利，辞退福利，其他职工薪酬等项目构成。

2. 小企业应按劳动工资和社会保障制度的规定，根据原始记录计算职工的工资。职工工资计算的原始记录主要包括工资卡片、考勤记录、产量记录等三种。

3. 职工工资的计算包括应付工资的计算和实发工资的计算两项内容。实行计时工资制的小企业，应按照职工的计时工资标准和工作时间计算应付给职工的工资；实行计件工资制的小企业，应按照计件工资标准和职工完成工作的数量计算职工的工资。

4. 小企业应设置"应付职工薪酬"账户，用于核算小企业根据有关规定应付给职工的各种薪酬。"应付职工薪酬"账户应按"职工工资""奖金、津贴和补贴""职工福利费""社会保险费""住房公积金""工会经费""职工教育经费""非货币性福利""辞退福利"等项目设置明细分类账，进行明细分类核算。

5. 小企业应于月份终了，计算本月应付职工工资，并按工资发生的部门或用途进行分配，计入相关资产成本或当期损益。按工资结算表实际发放工资时，按实发工资额，借记"应付职工薪酬——职工工资"账户，贷记"库存现金"账户；若发放工资款项通过银行转账方式直接转入职工银行账户，则借记"应付职工薪酬——职工工资"账户，贷记"银行存款"账户。

【实训训练】

一、判断题

1. 小企业生产工人的社会保险费应计入当期管理费用。　　　　　　　　（　　）
2. 小企业为职工缴纳的基本养老保险以及为职工购买的商业养老保险，均属于小企业提供的职工薪酬。　　　　　　　　　　　　　　　　　　　　　　　　　　（　　）
3. 小企业按照年金计划规定，为职工缴纳的补充养老保险费以及以购买商业保险形式提供给职工的各种保险待遇不属于职工薪酬范围。　　　　　　　　　　　　（　　）
4. 小企业支付车间技术人员的培训费不构成职工薪酬部分。　　　　　　（　　）
5. 小企业生产人员的辞退福利应该计入生产成本。　　　　　　　　　　（　　）
6. 小企业生产工人的医疗保险费、养老保险费、失业保险费和工伤保险费等保险费应计入当期管理费用。　　　　　　　　　　　　　　　　　　　　　　　　　　（　　）
7. 小企业退休人员工资属于应付职工薪酬核算范围。　　　　　　　　　（　　）

8. 小企业向职工食堂、生活困难职工等支付职工福利费,应借记"应付职工薪酬——职工福利"账户。                                （    ）

二、单项选择题
1. 小企业从应付职工薪酬中扣缴的个人所得税,应贷记(    )账户。
   A. "其他应收款"                B. "应交税费——应交个人所得税"
   C. "银行存款"                  D. "其他应付款"
2. 下列项目中,不在"应付职工薪酬——职工福利费"列支的项目是(    )。
   A. 医务人员的工资              B. 职工生活困难补助
   C. 福利部门人员工资            D. 退休人员工资
3. 应由生产产品负担的职工薪酬,计入(    )。
   A. 产品成本    B. 劳务成本    C. 固定资产成本    D. 无形资产成本
4. 以租赁住房等资产供职工无偿使用的,应当根据受益对象,将每期应付的租金计入相关资产成本或费用,同时贷记的账户是(    )。
   A. "应付职工薪酬"    B. "营业外支出"    C. "投资收益"    D. "其他应付款"
5. 计件工资制下,9月份车间生产工人李丽生产甲产品360件,每件工资10元,经检验发现不合格产品6件,其中,料废3件,工废3件,李丽的社会保险和住房公积金缴费基数是2 200元,养老保险个人缴费比例8%,医疗保险个人缴费比例2%,失业保险个人缴费比例1%,住房公积金个人承担比例12%,代扣水电费29元,则该月份李丽的实发工资为(    )元。
   A. 3 570    B. 3 064    C. 3 035    D. 3 005
6. 某电器生产企业为增值税一般纳税人,年末将本企业生产的一批电磁炉发放给职工作为福利。该批电磁炉市场售价为16万元(不含增值税),增值税适用税率为13%,实际成本为12万元。假定不考虑其他因素,该企业应确认的应付职工薪酬为(    )万元。
   A. 12    B. 16    C. 18.08    D. 13.56
7. 应由在建工程负担的职工薪酬,最终计入(    )。
   A. 产品成本              B. 劳务成本
   C. 固定资产成本          D. 无形资产成本
8. 租入住房给车间管理人员无偿使用,支付租金时的会计处理是(    )。
A. 借:生产成本
        贷:应付职工薪酬——非货币性福利
B. 借:制造费用
        贷:应付职工薪酬——非货币性福利
C. 借:应付职工薪酬——非货币性福利
        贷:银行存款
D. 借:应付职工薪酬——非货币性福利
        贷:应付职工薪酬——工资

9. 小企业分配结转因解除与职工的劳动关系给予职工补偿而发生的职工薪酬,应借记的账户是( )。
   A. "管理费用"  B. "财务费用"
   C. "营业外支出"  D. "销售费用"

10. 关于小企业按职工工资总额计提的职工教育经费,下列说法不正确的是( )。
   A. 应由生产产品负担的职工教育经费,记入"生产成本"账户
   B. 应由在建工程负担的职工教育经费,记入"在建工程"账户
   C. 应由车间管理人员负担的职工教育经费,记入"制造费用"账户
   D. 应由研发部门人员负担的职工教育经费,记入"无形资产"账户

### 三、多项选择题

1. 计时工资制下,影响加班工资的因素有( )。
   A. 日工资  B. 加班天数
   C. 加班工资发放比例  D. 小时工资

2. 应通过"应付职工薪酬"账户核算的内容包括( )。
   A. 职工福利费  B. 基本养老保险等社会保险费
   C. 住房公积金  D. 工会经费和职工教育经费

3. 工资计算的原始记录主要有( )。
   A. 工资卡片  B. 派工单
   C. 产量记录  D. 考勤记录

4. 下列各项中,应确认为应付职工薪酬的有( )。
   A. 非货币性福利  B. 社会保险费和辞退福利
   C. 退休职工的工资、福利费  D. 工会经费和职工教育经费

5. 下列各项中,社保缴费项目无需个人承担的有( )。
   A. 基本养老保险  B. 基本医疗保险
   C. 工伤保险  D. 生育保险

6. 关于非货币性福利,下列说法正确的有( )。
   A. 用自产产品发给职工应视同销售,确认收入结转成本
   B. 以拥有的房屋等资产无偿给职工使用,该资产计提的折旧应计入相关资产成本或当期损益
   C. 以租赁住房无偿给职工使用的,应付的租金计入相关资产成本或当期损益
   D. 为职工提供的医疗保健服务不属于职工福利费范畴

7. 下列各项中,通过应付职工薪酬核算的有( )。
   A. 设备采购人员差旅费  B. 锅炉车间人员的高温补贴
   C. 生产职工的伙食补贴  D. 材料入库前挑选整理人员的工资

8. 小企业作为福利为高管人员配备汽车。计提这些汽车的折旧时,编制会计分录时用到的账户可能有( )。

A. "累计折旧"  B. "固定资产"
C. "管理费用"  D. "应付职工薪酬"

9. 某小企业8月份工资费用分配表显示,应付工资总额400 000元,其中,生产工人200 000元,车间管理人员50 000元,行政管理人员110 000元,销售机构人员工资30 000元,工程建设部门人员10 000元,不考虑其他因素,下列说法正确的有(    )。

A. 生产成本增加200 000元  B. 生产成本增加250 000元
C. 管理费用增加110 000元  D. 管理费用增加120 000元

10. 小企业结转并支付车间管理人员生活困难补助3 000元,其会计处理中应借记的账户有(    )。

A. "制造费用"  B. "营业外支出"
C. "管理费用"  D. "应付职工薪酬——职工福利费"

### 四、会计核算题

1. 某小企业职工李晓峰的月基本工资为3 741元,2023年7月请事假4天(其中2天为双休日),病假2天,病假扣款比例20%;本月休息日加班2天(无法安排调休),法定节假日加班1天;本月津贴补贴150元,奖金120元,按月计薪天数21.75天计算其7月应付工资。

2. 某小企业职工洪涛2023年8月加工甲零件1 240件,计件单价为3.60元,经验收发现料废20件,工废10件,其余均为合格品;加工乙零件160件,计件单价为5.60元,经验收全部合格,计算其8月应付工资。

3. 某小企业车间工人徐芳2023年9月加工完成甲产品200件,计件单价20元;乙产品100件,计件单价为8元。其中,甲产品的工时定额为30分钟,乙产品的工时定额为15分钟。该工人的小时工资率为38.4元。

4. 2023年7月,永利公司将本公司生产的230件产品发放给职工作为福利,其中生产工人发放200件,管理人员发放30件,单位产品成本为800元,单位计税价格(不含税售价)为1 000元,适用增值税税率为13%。

要求:

(1) 编制公司发放非货币性福利的会计分录。

(2) 编制公司计算分配非货币性福利的会计分录。

(3) 编制公司结转发放福利的产品成本的会计分录。

5. 恒利公司2023年8月有关职工薪酬业务如下:

(1) 按照工资结算汇总表分配工资费用,其中生产工人工资为120 000元,车间管理人员工资为25 000元,总部管理人员工资为32 000元,专设销售部门人员工资为38 000元,在建工程人员工资为6 000元。

(2) 根据有关政策,按照工资总额的8%、12%、1%和8%计提企业应承担的医疗保险费、养老保险费、失业保险费和住房公积金。

(3) 按照工资总额的2%和8%计提工会经费和职工教育经费。

(4) 公司决定为行政管理和销售管理的中层干部每人配备一辆小汽车无偿使用,本月小汽车应计提的折旧分别是行政中层应计提1 500元,销售中层应计提1 200元。

要求:

(1) 根据上述条件,分别计算应计入生产成本、制造费用、管理费用、销售费用、在建工程的职工薪酬的金额。

(2) 编制 8 月份结转分配职工薪酬的会计分录(应付职工薪酬的二级科目：职工工资、社会保险费、住房公积金、工会经费、职工教育经费)。

(3) 编制 8 月份小汽车计提折旧的会计分录。

**五、会计实操题**(要求完成未填好的原始凭证，填制记账凭证)

1. 2023 年 8 月 16 日，广东裕美家具有限公司委托银行代发上月工资，如图 11-1 至图 11-3 所示。

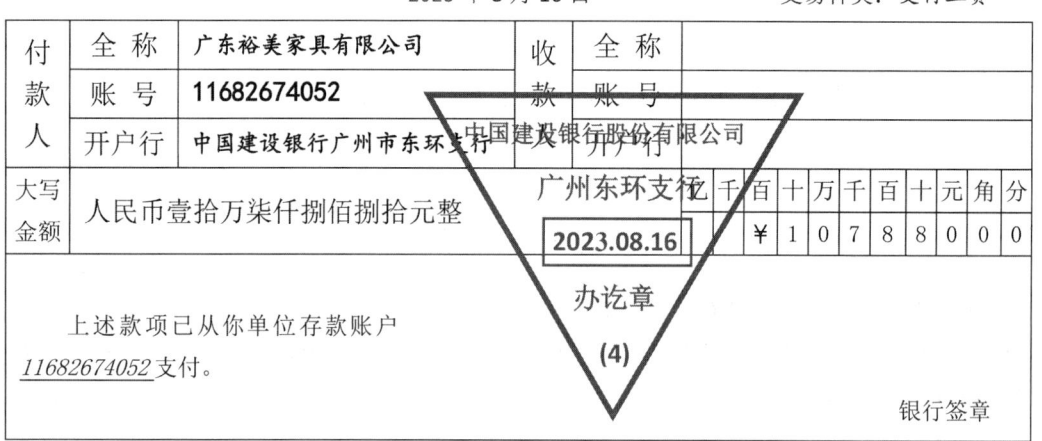

图 11-1 银行付款通知

## 工资清单

2023 年 7 月 31 日　　　　　　　　　　　　　　　　　　　　金额单位：元

| 序号 | 姓名 | 账号 | 基本工资 | 奖金 | 津贴补贴 | 应付工资 | 代扣款 | 实发工资 |
|---|---|---|---|---|---|---|---|---|
| 1 | 杨德兴 | 116826162301 | 2 080.00 | 500.00 | 200.00 | 2 780.00 | 212.00 | 2 568.00 |
| 2 | 郑景成 | 116826162302 | 1 970.00 | 400.00 | 150.00 | 2 520.00 | 171.00 | 2 349.00 |
| 3 | 范永建 | 116826162303 | 1 950.00 | 380.00 | 140.00 | 2 470.00 | 164.00 | 2 306.00 |
| … | … | … | … | … | … | … | … | … |
| 合计 | — | — | … | … | … | … | … | 107 880.00 |

单位负责人：杨德兴　　　会计主管：范永建　　　会计：杨东梅　　　制表：谢丽华

图 11-2　工资清单

## 记 账 凭 证

　　　　年　月　日　　　　　　　　　　　　字第　号

| 摘　要 | 总账科目 | 明细科目 | 借方金额 千百十万千百十元角分 | 贷方金额 千百十万千百十元角分 | 账页或√ |
|---|---|---|---|---|---|
|  |  |  |  |  |  |
|  |  |  |  |  |  |
|  |  |  |  |  |  |
|  |  |  |  |  |  |
|  |  |  |  |  |  |
| 附属单证　　张 |  | 合计 |  |  |  |

会计主管　　　　　　　记账　　　　　　　审核　　　　　　　制单

图 11-3　记账凭证

2. 2023年8月31日，广东裕美家具有限公司计算并分配本月工资费用，如表11-1和图11-4所示。

表 11-1　　　　　　　　　　　工资结算汇总表
　　　　　　　　　　　　　　　　2023年8月　　　　　　　　　　　　　　金额单位：元

| 部门或用途 | 基本工资 | 加班工资 | 津贴补贴 | 奖金 | 应付工资 | 代扣款 | 实发工资 |
|---|---|---|---|---|---|---|---|
| 生产办公桌 | 22 464.00 | 5 364.00 | 8 985.60 | 10 810.08 | 47 623.68 |  |  |
| 生产沙发 | 24 192.00 | 6 480.00 | 9 676.80 | 10 938.24 | 51 287.04 |  |  |
| 车间管理人员 | 12 236.00 | 759.60 | 5 506.20 | 2 072.16 | 20 573.96 |  |  |
| 行政管理人员 | 10 052.00 | 918.00 | 3 877.20 | 2 183.76 | 17 030.96 |  |  |
| 合计 | 68 944.00 | 13 521.60 | 28 045.80 | 26 004.24 | 136 515.64 |  |  |

会计主管：范永建　　　　　　　复核：杨东梅　　　　　　　制表：谢丽华

## 记 账 凭 证

　　　　年　月　日　　　　　　　　　　　　字第　号

| 摘　要 | 总账科目 | 明细科目 | 借方金额 千百十万千百十元角分 | 贷方金额 千百十万千百十元角分 | 账页或√ |
|---|---|---|---|---|---|
|  |  |  |  |  |  |
|  |  |  |  |  |  |
|  |  |  |  |  |  |
|  |  |  |  |  |  |
|  |  |  |  |  |  |
| 附属单证　　张 |  | 合计 |  |  |  |

会计主管　　　　　　　记账　　　　　　　审核　　　　　　　制单

图 11-4　记账凭证

**【职场拓展】**

## 杨利娟:海底捞新CEO

3月是万物复苏的季节,世间百态均在此时焕然一新。作为餐饮界一大巨头的海底捞在2022年3月伊始宣布了一项重大的人事任命,集团CEO(首席执行官)由张勇变为杨利娟,这一任命立刻引起了社会的广泛关注。作为海底捞新任CEO,杨利娟真的是广大草根阶级学习的范本。自信的她,全靠自己的努力一步步走到今天。

一、勤奋,是杨利娟亮给张勇的第一张牌

1978年,杨利娟出生于四川农村,因哥哥生意失败,她自小便背上了家庭的巨额债务,初中还没毕业便到一家小餐馆开启了打工之路。也是在这里,杨利娟认识了改变她一生的人——张勇。

勤奋是杨利娟给人的第一印象,为了把杨利娟从小餐馆挖走,张勇提出在她原工资120元的基础上涨到160元,这对于当时极度缺钱的杨利娟来说是一个不小的诱惑。可面对这样的诱惑,杨利娟并没有马上离职,而是在一年后等小餐馆关闭了才踏入了海底捞的大门,开启了每月160元的打工妹生活。

自进入海底捞后,杨利娟深刻体会到了日以继夜的辛苦,每天都是在小跑中度过,本以为增长的工资能慢慢缓解家庭的压力,但是天不遂人愿,债主上门收款让杨利娟的生活再次跌入谷底。

二、感恩,是杨利娟对海底捞最好的报达

面对债主的逼迫,杨利娟无能为力。而在这样的时刻,张勇解了她的燃眉之急,帮她还清了800元的债务。当时她的工资还不到200元,这一下就欠了老板4个多月的工资。于是,她决定用自己的一生来守护海底捞。

1997年,张勇首次将分店开到西安,那是海底捞第一家外省分店,杨利娟被安排负责筹备工作,在面对外人的搅局时,杨利娟积极维护公司的利益,置自己的安危于不顾。这样的舍己精神让杨利娟直接从服务员升到了店经理。

三、学习,是杨利娟改变命运的基石

从服务员升为店经理后,杨利娟深刻意识到自己在管理能力、市场拓展能力等方面的不足。在面对巨大的业绩压力时,她也曾多次想要放弃,但面对张勇的信任,她必须扛起这面大旗。于是,她不断学习,提升自己,从最开始的自学电脑,写日记进行总结思考,提升学历等,不断地全方位给自己充电,最终,这个初中都没毕业的女孩实现了从管理一家店到管理上百家门店的跨越,也成为张勇最信任的员工。

(资料来源:北向财经.初中辍学的"打工妹",21年攒百亿身家,海底捞的新CEO有多神?[EB/OL].(2022-03-08).https://www.163.com/dy/article/H1VFKEGT0552NMAF.html.有删改.)

**思考**:请问该故事道出了怎样的人生哲理?

# 第 12 章 收 入 核 算

【知识提要】

1. 收入是指小企业在日常活动中形成的、会导致所有者权益增加的、与所有者投入资本无关的经济利益的总流入。按经营业务主次分类,收入可分为主营业务收入和其他业务收入;按收入产生来源分类,收入可分为商品销售收入和提供劳务收入。

2. 小企业应按照从购货方已收或应收的合同或协议价款确认销售商品收入金额;无合同或协议的,应按购销双方同意或都能接受的价格确定。销售商品涉及现金折扣的,应当按照扣除现金折扣前的金额确定销售商品收入金额;涉及商业折扣的,应当按照扣除商业折扣后的金额确定销售商品收入金额。

3. 小企业销售商品符合收入确认条件的,应在收入确认时,按实际收到或应收金额(包括增值税额),借记"银行存款"或"应收账款""应收票据"等账户,按销售商品的价款,贷记"主营业务收入"账户,按应收的增值税额,贷记"应交税费——应交增值税(销项税额)"账户;同时,小企业应在发出商品时,结转相关销售成本,借记"主营业务成本"账户,贷记"库存商品"账户。

4. 销售折扣包括商业折扣和现金折扣。商业折扣是指小企业为促进商品销售而在商品标价上给予的价格扣除。现金折扣是指债权人为鼓励债务人在规定的期限内付款而向债务人提供的债务扣除。销售折让是指小企业因售出商品的质量不合格等原因而在售价上给予的减让。销售退回是指小企业售出的商品由于质量、品种不符合要求等原因而发生的退货。

5. 应交税费是指小企业按税法规定计算应交纳的各种税费。应交税费包括增值税、消费税、城市维护建设税、企业所得税、土地增值税、资源税、房产税、土地使用税、房产税、车船税、环境保护税、教育费附加、堤围防护费以及代扣代缴的个人所得税。

6. 递延收益是指小企业已经收到,应在以后期间计入损益的政府补助。政府补助是指小企业从政府无偿取得货币性资产或非货币性资产。政府补助的主要形式包括财政拨款、财政贴息、税收返还、无偿划拨非货币性资产。

【实训训练】

一、判断题

1. 凡与本期收入有因果关系的耗费,都应当确认为本期费用。　　　　　　　　(　　)

2. 一般情况下,小企业应当在发出商品且收到货款或取得收款权时,确认销售商品收入。
　　　　　　　　　　　　　　　　　　　　　　　　　　　　　　　　　　(　　)

3. 批发零售小企业管理费用不多的,可不设"管理费用"账户,而直接记入"销售费用"

账户。                                                                （  ）

4. 小企业出租固定资产和包装物取得的租金收入应计入营业外收入。   （  ）

5. 批发、零售小企业在购买商品过程中发生的运输途中合理损耗应记入"销售费用"账户。                                                        （  ）

6. 销售商品涉及现金折扣的,应按扣除现金折扣后的金额确定销售商品收入金额。
                                                                    （  ）

7.《小企业会计准则》下,小企业缴纳增值税,不管是当月的还是以前月份的,均记入"应交税费——应交增值税已交税金"账户。                        （  ）

8. 小企业上缴印花税时,借记"应交税费——应交印花税"账户,贷记"银行存款"账户。
                                                                    （  ）

9. 小规模纳税人需要在"应交增值税"明细账户下设置"进项税额""销项税额""进项税额转出"等明细专栏核算。                                    （  ）

10. 一般纳税人取得增值税普通发票时,可以根据发票上记载的增值税额进行抵扣。
                                                                    （  ）

11. 小企业购入货物,只要取得了增值税专用发票,就可将支付的增值税额作为进项税额抵扣。                                                    （  ）

12. 小企业本月上交上月应交未交增值税,借记"应交税费——未交增值税"账户,贷记"银行存款"账户。                                            （  ）

## 二、单项选择题

1. 在产品发生盘亏时,经查明属于车间管理不善造成的损失,应转入(    )。
   A. 生产成本        B. 管理费用        C. 营业外支出        D. 制造费用

2. 小企业在筹建期间发生的开办费,在实际发生时,借记(    )账户。
   A."管理费用"      B."销售费用"      C."营业外支出"      D."财务费用"

3. 小企业销售商品涉及现金折扣的,在实际发生现金折扣时,应将折扣计入(    )。
   A. 销售费用        B. 财务费用        C. 管理费用        D. 主营业务成本

4. 已经发出但尚未确认销售收入的商品成本,应记入(    )账户。
   A."库存商品"                        B."主营业务成本"
   C."发出商品"                        D."主营业务收入"

5. 小企业发生(    )时,不能确认收入的实现。
   A. 非货币性资产交换                  B. 将货物用于对外投资
   C. 将货物用于职工福利                D. 在建工程领用自产货物

6. 小企业计算应交的房产税、土地使用税、车船税、环境保护税等,应借记(    )账户。
   A."管理费用"                        B."营业外支出"
   C."其他业务支出"                    D."税金及附加"

7. 小规模纳税人即使取得增值税专用发票,也不允许抵扣进项税额,是因为(    )。
   A. 小规模纳税人销售额不大            B. 小规模纳税人不享有进项税额的抵扣权

C. 小规模纳税人不缴纳增值税　　　　　D. 小规模纳税人不享受税收优惠

8. 如果当期销项税额小于当期准予抵扣的进项税额而不足抵扣时,其尚未抵扣部分应( )。

A. 结转下期继续抵扣　　　　　　　　　B. 不予继续抵扣
C. 列作营业外支出　　　　　　　　　　D. 调减应纳税所得额

9. 小企业缴纳应交增值税税款,应借记的账户是( )。

A. "应交税费——应交增值税转出多交增值税"
B. "应交税费——应交增值税转出未交增值税"
C. "应交税费——未交增值税"
D. "应交税费——应交增值税已交税金"

10. 恒利公司为一般纳税人企业,将外购材料用于自制机器设备,关于该材料的增值税进项税额,其正确的会计处理是( )。

A. 不作处理,仍可享受抵扣
B. 作进项税额转出处理,并将进项税额转入在建工程成本
C. 作进项税额不得抵扣处理
D. 将进项税额计入材料成本

### 三、多项选择题

1. 《小企业会计准则》下,"主营业务收入"账户核算的主营业务包括( )。

A. 销售材料　　　B. 出租固定资产　　　C. 销售产品　　　D. 提供劳务

2. "其他业务成本"账户核算的成本包括( )。

A. 销售商品的成本　　　　　　　　　　B. 销售材料的成本
C. 出租固定资产的折旧费　　　　　　　D. 运输费

3. 下列各项中,不通过"应交税费"账户核算的有( )。

A. 上缴的车船税　　　　　　　　　　　B. 上缴的环境保护税
C. 上缴的印花税　　　　　　　　　　　D. 上缴的车辆购置税

4. 小企业缴纳的下列税费中,记入"税金及附加"账户的有( )。

A. 车船税　　　B. 土地使用税　　　C. 环境保护税　　　D. 印花税

5. 下列情况中,小企业支付的增值税额可作为进项税额抵扣的有( )。

A. 小规模纳税人购入生产用材料时取得了增值税专用发票
B. 一般纳税人企业购入生产设备时取得了增值税专用发票
C. 一般纳税人企业购入生产用材料时取得了增值税普通发票
D. 一般纳税人企业 2023 年 5 月 1 日购入厂房取得了增值税专用发票

6. 下列与一般纳税人增值税有关的业务中,不需作增值税进项税额转出的有( )。

A. 以自产产品发放职工福利　　　　　　B. 因管理不善造成的存货盘亏
C. 工程项目领用本企业产品　　　　　　D. 以产品对外投资

**四、会计核算题**

1. 某小企业属于增值税一般纳税人，适用的增值税税率为13%。2023年8月1日，向甲公司销售A产品1 000件，每件售价800元（不含增值税），已开出增值税专用发票，产品已发出，货款尚未收到。为了及早收回货款，双方签订合同规定按不含税价款提供现金折扣，现金折扣条件为（2/10，1/20，n/30）。8月15日，甲公司按合同规定付款，企业收到货款并存入银行。请编制该小企业销售产品以及收回货款的会计分录。

2. 2023年8月17日，某小企业因产品质量问题被某客户退回上月销售的A产品200件，价款为20 000元，增值税额为2 600元，小企业已将退货款以支票方式退给客户。该批产品单位成本为80元，已收存仓库。

3. 某小企业属于增值税一般纳税人，2023年9月发生下列经济业务，请编制相关会计分录。

（1）4日，销售产品一批，开出增值税专用发票，注明价款60 000元，增值税额7 800元，款项已收到，该批产品成本为40 000元。

（2）11日，出售一批原材料，开出增值税专用发票，注明价款5 000元，增值税额650元，款项尚未收到。

（3）21日，取得出租机器设备收入8 000元，增值税额1 040元，款项尚未收到。

4. 某小企业属于增值税一般纳税人,2023年10月发生如下经济业务,请编制相关会计分录。

(1) 销售A产品2 000件,每件售价1 000元,货款2 000 000元,增值税税率为13%,产品已发出,货款已收到。A产品单位成本为600元。

(2) 销售B产品100件,每件售价4 000元,增值税税率为13%,产品已发出,收到商业承兑汇票一张。B产品单位成本为3 000元。

(3) 转让专利权一项,该项专利权原值400 000元,已计提摊销额150 000元,取得不含税收入300 000元,增值税税率6%,城市维护建设税税率7%,教育费附加率3%,转让款已收到并存入银行。

(4) 发现无法支付的应付账款30 000元。

(5) 本月发生管理费用20 000元、销售费用10 000元、财务费用5 000元,均以银行存款支付。

5. 乙公司为一般纳税人,2023年9月发生如下经济业务,请编制相关会计分录。

(1) 购建厂房一幢,厂房已验收合格并投入使用,取得增值税专用发票,发票注明价款600万元,增值税额54万元,价税款以银行存款支付。

(2) 本月增值税销项税额合计为160万元,购进材料等货物(不包括以上厂房的进项税额)可抵扣进项税额合计为60万元,不考虑其他调整项目,请计算本月应缴纳的增值税额并编制以银行存款缴纳本月增值税额的会计分录。

**五、会计实操题**(要求完成未填好的原始凭证,填制记账凭证)

1. 2023年10月11日,广东裕美家具有限公司(法定代表人:杨德兴;开户行及账号:建行东环支行,11682674052)向广州百川家具有限公司(开户行及账号:建行光明支行,11676243355)销售不需用的木板180块,款项已收存银行,如图12-1至图12-4所示。

图12-1 增值税专用发票

## 中国建设银行支票（粤）

GS 08224041

出票日期（大写）贰零贰叁年零壹拾月壹拾壹日  付款行名称：建行光明支行
收款人：广东裕美家具有限公司  出票人账号：11676243355

人民币（大写）壹万肆仟零叁拾肆元陆角整  ￥1 4 0 3 4 6 0

用途 支付货款
上列款项请从
我账户内支付
出票人签章

广州百川家具有限公司财务专用章  陈顺华

密码 _____
行号 _____
复核 _____ 记账 _____

付款期限自出票之日起十天

附加信息：  被背书人：  被背书人：

背书人签章  年 月 日  背书人签章  年 月 日

图 12-2 转账支票

### 中国建设银行进账单（回单） 1
年 月 日

| 出票人 | 全 称 | | 收款人 | 全 称 | |
|---|---|---|---|---|---|
| | 账 号 | | | 账 号 | |
| | 开户银行 | | | 开户银行 | |
| 金额 | 人民币（大写） | | | 亿千百十万千百十元角分 | |

票据种类 _____  票据张数 _____
票据号码 _____

复核 _____ 记账 _____  开户银行盖章

此联是开户银行交给持（出）票人的回单

图 12-3 银行进账单

## 记 账 凭 证

年　月　日　　　　　　　　　　　　　　　　　　　　字第　号

| 摘　要 | 总账科目 | 明细科目 | 借方金额 千百十万千百十元角分 | 贷方金额 千百十万千百十元角分 | 账页或√ |
|---|---|---|---|---|---|
|  |  |  |  |  |  |
|  |  |  |  |  |  |
|  |  |  |  |  |  |
|  |  |  |  |  |  |
|  |  |  |  |  |  |
| 附属单证　　张 |  | 合计 |  |  |  |

会计主管　　　　　　　　记账　　　　　　　　审核　　　　　　　　制单

图 12-4　记账凭证

2. 结转上题已销售木板的成本,如图 12-5 和图 12-6 所示。

## 材料出库单

用途:销售　　　　　　　　　2023 年 10 月 11 日　　　　　　　　金额单位:元

| 名称及规格 | 单位 | 请领数量 | 实发数量 | 单价 | 金额 |
|---|---|---|---|---|---|
| 木板 | 块 | 180 | 180 | 60.00 | 10 800.00 |

仓库主管:陈德明　　　　　　　经手人:李怡华　　　　　　　保管员:朱永材

图 12-5　材料出库单

## 记 账 凭 证

年　月　日　　　　　　　　　　　　　　　　　　　　字第　号

| 摘　要 | 总账科目 | 明细科目 | 借方金额 千百十万千百十元角分 | 贷方金额 千百十万千百十元角分 | 账页或√ |
|---|---|---|---|---|---|
|  |  |  |  |  |  |
|  |  |  |  |  |  |
|  |  |  |  |  |  |
|  |  |  |  |  |  |
|  |  |  |  |  |  |
| 附属单证　　张 |  | 合计 |  |  |  |

会计主管　　　　　　　　记账　　　　　　　　审核　　　　　　　　制单

图 12-6　记账凭证

3. 2023年10月12日，广东裕美家具有限公司本月5日销售给广州百川家具有限公司的办公桌，其中有2张验收不合格，百川公司要求退回不合格办公桌，经核查，公司同意退货，并办妥了退货手续，退回办公桌已入库，如图12-7至图12-10和表12-1所示。

### 销售退回审批单

2023年10月12日　　　　　　　　　　　　　　　　　　　金额单位：元

| 购买单位 | 广州百川家具有限公司 | | 销售退回原因 | 其中2张办公桌不符合质量要求 | |
|---|---|---|---|---|---|
| 商品名称 | 销售时间 | 销售数量 | 价税金额 | 退回价款 | 增值税额 |
| 办公桌 | 2023.10.05 | 50张 | 21 470.00 | 760.00 | 98.80 |
| 沙发 | 2023.10.05 | 50套 | 36 160.00 | | |
| | | | | | |
| 合计 | — | — | ￥57 630.00 | ￥760.00 | ￥98.80 |

会计主管：范永建　　　　　　销售主管：王裕峰　　　　　　制表：梁芳

图12-7　销售退回审批单

表12-1　　　　　开具红字增值税专用发票信息表

填开日期：2023年10月12日

| 销售方 | 名　称 | 广东裕美家具有限公司 | 购买方 | 名　称 | 广州百川家具有限公司 | |
|---|---|---|---|---|---|---|
| | 纳税人识别号 | 440103256268024 | | 纳税人识别号 | 440102443268027 | |
| 开具红字专用发票内容 | 货物（劳务服务）名称 | 数量 | 单价 | 金额 | 税率 | 税额 |
| | 办公桌 | 2 | 380.00 | 760.00 | 13% | 98.80 |
| | | | | | | |
| | | | | | | |
| | | | | | | |
| | | | | | | |
| | | | | | | |
| | 合计 | — | — | ￥760.00 | — | ￥98.80 |
| 说明 | 一、购买方□<br>　　对应蓝字专用发票抵扣增值税销项税额情况：<br>　　1. 已抵扣□<br>　　2. 未抵扣□<br>　　对应蓝字专用发票的代码：_____　号码：_____<br>二、销售方☑<br>　　对应蓝字专用发票的代码：4601041141　号码：201307402 | | | | | |
| 红字专用发票信息表编号 | 241307605 | | | | | |

## 电子发票（增值税专用发票）

No 241307605

开票日期：2023年10月12日

| 购买方信息 | 名称：广州百川家具有限公司 统一社会信用代码/纳税人识别号： 440102443268027 | 销售方信息 | 名称：广东裕美家具有限公司 统一社会信用代码/纳税人识别号： 440103256268024 |
|---|---|---|---|

| 项目名称 | 规格型号 | 单位 | 数量 | 单价 | 金额 | 税率 | 税额 |
|---|---|---|---|---|---|---|---|
| *家具*办公桌 |  | 张 | -2 | 380.00 | -760.00 | 13% | -98.80 |
| 合计 |  |  |  |  | ¥-760.00 |  | ¥-98.80 |

价税合计（大写）：⊗捌佰伍拾捌圆捌角整（负数）　　　　（小写）¥-858.80

备注：

开票人：王耀林

图12-8　增值税专用发票

## 退回产品入库单

2023年10月12日　　　　　　　　　　　　　　　　　　金额单位：元

| 产品名称 | 规格 | 型号 | 单位 | 数量 | 单价 | 金额 |
|---|---|---|---|---|---|---|
| 办公桌 |  |  | 张 | 2 |  |  |

仓库主管：陈德明　　复核：杨东梅　　验收：李怡华　　制单：朱永材

图12-9　退回产品入库单

## 记 账 凭 证

年　月　日　　　　　　　　　　　　　字第　号

| 摘　要 | 总账科目 | 明细科目 | 借方金额 千百十万千百十元角分 | 贷方金额 千百十万千百十元角分 | 账页或√ |
|---|---|---|---|---|---|
|  |  |  |  |  |  |
|  |  |  |  |  |  |
|  |  |  |  |  |  |
|  |  |  |  |  |  |
|  |  |  |  |  |  |
| 附属单证　　　张 |  | 合计 |  |  |  |

会计主管　　　　　记账　　　　　审核　　　　　制单

图12-10　记账凭证

4.2023年10月18日,广东裕美家具有限公司本月15日销售给广东胜华家具有限公司的沙发,经验收存在瑕疵,胜华公司要求给予10%的销售折让,经核查,公司同意胜华公司的要求,并办妥了相关手续,如图12-11至图12-14所示。

## 销售折让审批单

2023年10月18日　　　　　　　　　　　　　　　　　　金额单位:元

| 购买单位 | 广东胜华家具有限公司 | | 销售折让原因 | 部分沙发存在瑕疵 | |
|---|---|---|---|---|---|
| 商品名称 | 销售时间 | 销售数量 | 价税金额 | 折让率 | 折让金额 |
| 沙发 | 2023.10.15 | 40套 | 28 928.00 | 10% | 2 892.80 |
|  |  |  |  |  |  |
|  |  |  |  |  |  |
| 合计 | — | — | ￥28 928.00 | 10% | ￥2 892.80 |

会计主管:范永建　　　　　　　销售主管:王裕峰　　　　　　　制表:梁芳

图 12-11　销售折让审批单

## 开具红字增值税专用发票信息表

填开日期:2023年10月18日

| 销售方 | 名　称 | 广东裕美家具有限公司 | 购买方 | 名　称 | 广东胜华家具有限公司 | | |
|---|---|---|---|---|---|---|---|
| | 纳税人识别号 | 440103256268024 | | 纳税人识别号 | 440103564568023 | | |
| 开具红字专用发票内容 | 货物(劳务服务)名称 | 数量 | 单价 | 金额 | 税率 | 税额 | |
| | 沙发 | | | 2 560.00 | 13% | 332.80 | |
| | | | | | | | |
| | | | | | | | |
| | | | | | | | |
| | | | | | | | |
| | | | | | | | |
| | | | | | | | |
| | 合计 | — | — | ￥2 560.00 | — | ￥332.80 | |
| 说明 | 一、购买方□<br>　　对应蓝字专用发票抵扣增值税销项税额情况:<br>　　1.已抵扣□<br>　　2.未抵扣□<br>　　对应蓝字专用发票的代码:_____　号码:_____<br>二、销售方√<br>　　对应蓝字专用发票的代码:4601041141　号码:201307406 | | | | | | |
| 红字专用发票信息表编号 | 241307617 | | | | | | |

图 12-12　开具红字增值税专用发票信息表

|  |  | 电子发票（增值税专用发票） | | | | No 241307617 | | |
|---|---|---|---|---|---|---|---|---|

开票日期：2023 年 10 月 18 日

| 购买方信息 | 名称：广东胜华家具有限公司 统一社会信用代码/纳税人识别号：440103564568023 | | | 销售方信息 | 名称：广东裕美家具有限公司 统一社会信用代码/纳税人识别号：440103256268024 | | | |
|---|---|---|---|---|---|---|---|---|
| 项目名称 | 规格型号 | 单位 | 数量 | 单价 | 金额 | 税率 | 税额 | |
| *家具*沙发 | | 套 | | | -2560.00 | 13% | -332.80 | |
| 合 计 | | | | | ¥-2560.00 | | ¥-332.80 | |
| 价税合计（大写） | ⊗贰仟捌佰玖拾贰圆捌角整（负数） | | | | | （小写）¥-2892.80 | | |
| 备注 | | | | | | | | |

开票人：王耀林

图 12-13 增值税专用发票

## 记 账 凭 证

年 月 日　　　　　　　　　　　　　　　　　　字第 号

| 摘　要 | 总账科目 | 明细科目 | 借方金额 千百十万千百十元角分 | 贷方金额 千百十万千百十元角分 | 账页或√ |
|---|---|---|---|---|---|
|  |  |  |  |  |  |
|  |  |  |  |  |  |
|  |  |  |  |  |  |
|  |  |  |  |  |  |
|  |  |  |  |  |  |
|  |  |  |  |  |  |
| 附属单证　　张 |  |  | 合计 |  |  |

会计主管　　　　　　　　记账　　　　　　　审核　　　　　　　制单

图 12-14 记账凭证

**【职场拓展】**

**宽容是化解矛盾的良方**

吴丽君是大瑞铁路秀岭隧道建设者,在 14 年时间里,他只参与了这一个项目。由于长期驻扎在隧道工地,他和当地放羊的牧民老郭熟络起来,老郭也给了吴丽君不少的关照。

一天,吴丽君从隧道回来后惊讶地发现工棚里的工程草图和土石方运算稿纸不见了。一打电话询问,原来老郭在打扫工棚时,误将那些草稿纸当作废纸处理了。吴丽君慌忙去找,却再也找不到了。回到工地,冷静下来的吴丽君却安慰老郭说:"你不知道草稿纸的用途,丢就丢了吧!旧的不去,新的不来。那些内容我脑子里大致也有印象,还可以重新再画出来,别太放在心上了。"老郭顿时转忧为喜,吴丽君花费了一个月的时间,重新勾画出隧道重要环节的工程草图。

辛苦绘制的草图,被无知的老郭处理了,吴丽君尽管很生气,但还是选择宽恕了他,自此收获了一份真诚的友情。这正是吴丽君品德上有修为的表现。在人际交往中,要对他人多些谅解,多些宽容,薄责于人,就能化误解为理解,化矛盾为友谊。如此,也是和谐关系、成就事业不可缺少的润滑剂。

(资料来源:王章材.宽容是化解矛盾的良方[J].演讲与口才,2022(19):19.)

**思考**:请问该故事道出了怎样的人生哲理?

# 第 13 章 应收款项核算

【知识提要】

1. 应收账款是指小企业因销售商品(产品)或提供劳务等日常生产经营活动,应向购货单位或接受劳务单位收取的款项。应收账款是因小企业销售商品或提供劳务等产生的债权,应当按照实际发生额入账。

2. 应收票据是指小企业因销售商品、产品或提供劳务等日常生产经营活动而收到的商业汇票。根据承兑人的不同,商业汇票可分为商业承兑汇票和银行承兑汇票。根据票据是否带息,商业汇票可分为不带息商业汇票和带息商业汇票。

3. 在银行开立存款账户的法人以及其他组织之间,必须具有真实的交易关系或债权债务关系,才能使用商业汇票。根据《支付结算办法》的规定,小企业可以将持有的未到期的商业汇票进行背书转让,用以购买所需物资或偿还债务。

4. 预付账款是指小企业按照购货合同规定预先支付给供货单位的款项。小企业预付货款后,有权要求供应商按照购货合同条款发货。其他应收款是指小企业发生的除了应收票据、应收账款、预付账款等经营活动的其他各种应收或暂付的款项。

5. 坏账是指小企业因购货人拒付、破产、死亡等原因而无法收回或收回可能性很小的应收款项。小企业由于发生坏账而产生的损失,称为坏账损失。小企业应收款项的坏账损失应在实际发生时确认,计入营业外支出。

【实训训练】

一、判断题

1. 应收账款是因小企业销售商品或提供劳务等产生的债权。                    (    )
2. 存在商业折扣时,小企业应收账款应按原价进行入账,折扣计入财务费用。 (    )
3. 商业汇票是一种由银行签发的,委托付款人在指定日期无条件支付确定金额给收款人或者持票人的票据。                                                       (    )
4. "应收票据"账户应按开出、承兑商业汇票的单位设置明细分类账,进行明细分类核算。
                                                                              (    )
5. 小企业应收的出租包装物租金应通过"应收账款"账户核算。               (    )
6. 未到期的商业汇票可以背书,不可以贴现。                                (    )
7. 小企业应收款项发生坏账损失,应计提坏账准备。                          (    )
8. 商业折扣旨在鼓励顾客在一定期限内尽早偿还款项而给予顾客一定数额的价格减让。
                                                                              (    )

9. 小企业发生的坏账损失应按规定的程序和要求向主管税务机关申报后方能在税前扣除，未经申报的损失，不得在税前扣除。（  ）

10. 票据贴现金额有可能大于票面金额，也可能小于票面金额。（  ）

## 二、单项选择题

1. 下列属于应收账款核算范围的是（  ）。
   A. 应收债务人的利息
   B. 租入包装物押金
   C. 应收职工欠款
   D. 代购货单位垫付的运输费

2. 2023年6月12日，甲企业销售给乙企业A商品1 200件，价款为312 000元，增值税额为40 560元，已开出增值税专用发票，价税合计352 560元，以银行存款代垫运费2 000元，款项尚未收到。甲企业应确认的应收账款（  ）元。
   A. 312 000    B. 352 560    C. 354 560    D. 314 000

3. 根据承兑人的不同，商业汇票可以分为（  ）。
   A. 商业承兑汇票和银行承兑汇票
   B. 不带息商业汇票和带息商业汇票
   C. 银行本票和商业承兑汇票
   D. 支票和银行承兑汇票

4. 小企业出口产品或商品按照规定应予退回的增值税款，借记（  ）账户。
   A. "营业外收入"
   B. "应收账款"
   C. "其他应收款"
   D. "应交税费"

5. 2023年5月10日，某公司将一张由天怡公司4月10日签发的、为期4个月、票面金额为58 500元的银行承兑汇票向银行申请贴现，银行规定贴现率为8%，则贴现款应为（  ）元。
   A. 1 196    B. 58 500    C. 4 680    D. 57 304

6. 小企业应收款项的坏账损失应在实际发生时确认，记入（  ）账户。
   A. "管理费用"
   B. "营业外支出"
   C. "信用减值损失"
   D. "营业外收入"

7. 6月28日，某小企业将8月1日到期的票据申请贴现，则贴现天数为（  ）天。
   A. 34    B. 33    C. 32    D. 35

8. 收到带息的商业汇票时，小企业应按（  ）入账。
   A. 票据到期值
   B. 票据面值
   C. 票据面值＋票据利息
   D. 票据本息的复利现值

9. 下列事项中，应确认为坏账损失的是（  ）。
   A. 应收款、票据款到期而无法收回的款项
   B. 因债务人破产，按照法律清偿后确实无法收回的款项
   C. 因债务人逾期未履行偿债义务超过3年仍不能收回的应收账款
   D. 债务人依法宣告破产、关闭、解散、被撤销，或者被依法注销、吊销营业执照的

10. 小企业支付的应向职工收取的各种垫付款项,应借记(　　)账户。
A."应收账款"　　　B."预付账款"　　　C."其他应付款"　　　D."其他应收款"
11. 商业承兑汇票到期,付款方无法付款,应将"应收票据"的账面余额转入(　　)账户。
A."应收账款"　　　B."预付账款"　　　C."其他应收款"　　　D."应付账款"
12. 小企业给予客户的现金折扣,会计上应当在其发生时,直接记入(　　)账户。
A."营业外支出"　　　B."财务费用"　　　C."其他应收款"　　　D."管理费用"

**三、会计核算题**

1. 某小企业销售商品取得收入100 000元,增值税额13 000元,为了及时收回货款,企业同意按含税价款提供现金折扣,条件为(2/10, n/30)。于7天后收回全部货款并存入银行。请编制相关的会计分录。

2. 某小企业2023年发生如下经济业务,请编制相关的会计分录。

(1) 6月1日,采用委托收款的方式销售产品一批,开出增值专用发票,注明货款300 000元,增值税额39 000元。同时,以银行存款垫付运杂费3 000元。

(2) 6月20日,收到银行收款通知,上述款项已收妥入账。

(3) 7月20日,销售产品一批,价目表上标明的金额为300 000元,增值税税率为13%。考虑到该产品库存时间较长,经过协商,给予购货方10%商业折扣。货款于7月25日收到。

(4) 8月2日,销售产品一批,售价 100 000 元,增值税额 13 000 元,企业同意按不含税价款提供现金折扣,条件为(2/10,1/20,n/30)。8月9日收到全部货款。

(5) 8月17日,将一张由丁公司签发的、出票日期为6月30日、期限为3个月、面值 100 000 元、票面利率 10% 的带息商业承兑汇票向银行申请贴现,银行贴现率为 12%。

3. 某小企业收到华丰公司签发的一张带息3个月到期的商业承兑汇票,用于抵偿前欠货款,汇票的面值为 40 000 元,票面利率为 6%。3个月后,应收票据到期收回款项,存入银行。

4. 某小企业销售一批产品,按价目表标明的价格计算,金额为 40 000 元(不含税)。由于是成批销售,该小企业给予购货方 10% 的商业折扣。其现金折扣(含税价款)条件为(2/10,1/20,n/30),适用增值税为 13%,购货方于第17天付款。

5. 某小企业向枝江公司采购甲材料 20 吨,单价为 2 000 元,货款总额为 40 000 元。按照合同规定向枝江公司预付货款的 30%,验收货物后补付余款。20天后收到枝江公司发来的材料,验收无误,货款 40 000 元,增值税额 5 200 元,以银行存款补付余款。

6. 2023年8月9日,某小企业因自然灾害造成一批产成品毁损,按保险合同规定,应由保险公司赔偿损失,保险公司已确认赔偿损失8 000元,赔偿款尚未收到。

**四、会计实操题**(要求完成未填好的原始凭证,填制记账凭证)

1. 2023年8月6日,根据合同,广东裕美家具有限公司向广州百川家具有限公司销售办公桌50张,沙发50套,开出增值税专用发票,已办理委托收款手续,款项尚未收到,如图13-1至图13-4所示。

图13-1 增值税专用发票

## 产品出库单

2023年8月6日　　　　　　　　　　　　　　　　　金额单位:元

| 产品名称 | 规格 | 型号 | 单位 | 数量 | 单位成本 | 金额 |
|---|---|---|---|---|---|---|
| 办公桌 | | | 张 | 50 | | |
| 沙发 | | | 套 | 50 | | |

仓库主管:陈德明　　　复核:杨东梅　　　发货:朱永材　　　制单:梁芳

图13-2 产品出库单

## 托收凭证（受理回单） 1

委托日期：2023 年 08 月 06 日

| 业务类型 | 委托收款（□邮划、☑电划） | | | 托收承付（□邮划、□电划） | | | |
|---|---|---|---|---|---|---|---|
| 付款人 | 全 称 | 广州百川家具有限公司 | | 收款人 | 全 称 | 广东裕美家具有限公司 | |
| | 账 号 | 11676243355 | | | 账 号 | 11682674052 | |
| | 地 址 | 广东省 广州 市县 | 开户行 | 光明支行 | | 地 址 | 广东省 广州 市县 | 开户行 | 建行东环支行 |
| 金额 | 人民币（大写） | 伍万柒仟陆佰叁拾元整 | | | 亿千百十万千百十元角分 | | |
| | | | | | ¥ 5 7 6 3 0 0 0 | | |
| 款项内容 | 销货款 | | 托收凭据名 称 | 增值税专用发票产品出库单 | 附寄单证张数 | 2 | |
| 商品发运情况 | | 已发运 | | 合同名称号码 | | 100401 | |
| 备注： | | | 款项收妥日期： | | | | |
| | 复核 记账 | | | 年 月 日 | 收款人开户银行签章 | | |

此联作收款人开户银行给收款人的受理回单

中国建设银行股份有限公司
广州东环支行
2023.08.06
办讫章
(4)

图 13-3 委托收款受理回单

## 记 账 凭 证

年 月 日　　　　　　　　　　　　　　　字第 号

| 摘 要 | 总账科目 | 明细科目 | 借方金额 千百十万千百十元角分 | 贷方金额 千百十万千百十元角分 | 账页或√ |
|---|---|---|---|---|---|
| | | | | | |
| | | | | | |
| | | | | | |
| | | | | | |
| | | | | | |
| | | | | | |
| 附属单证　　张 | | | 合计 | | |
| 会计主管 | | 记账 | 审核 | 制单 | |

图 13-4 记账凭证

2.2023年8月9日,根据合同,广东裕美家具有限公司向佛山海纳家具有限公司销售办公桌120张,原价为380元/张,沙发80套,原价为640元/套。考虑到海纳公司一次性购买数量较多,公司同意给予9折优惠,开出增值税专用发票,收到海纳公司开出的银行承兑汇票一张,如图13-5至图13-8所示。

图13-5 增值税专用发票

## 产品出库单

2023年8月9日　　　　　　　　　　　　　　　　　　　　　　　金额单位:元

| 产品名称 | 规格 | 型号 | 单位 | 数量 | 单位成本 | 金额 |
|---|---|---|---|---|---|---|
| 办公桌 | | | 张 | 120 | | |
| 沙发 | | | 套 | 80 | | |

仓库主管:陈德明　　　复核:杨东梅　　　发货:朱永材　　　制单:梁芳

图13-6 产品出库单

## 银行承兑汇票 2

出票日期（大写）：贰零贰叁年捌月零玖日　　　　汇票号码：0135841

| 出票人全称 | 佛山海纳家具有限公司 | 收款人 | 全称 | 广东裕美家具有限公司 | | | | | | | | | | |
|---|---|---|---|---|---|---|---|---|---|---|---|---|---|---|
| 出票人账号 | 13657443031 | | 账号 | 11682674052 | | | | | | | | | | |
| 付款行全称 | 中行河滨支行 | | 开户银行 | 建行东环支行 | | | 行号 | 01692 | | | | | | |
| 出票金额 | 人民币（大写）玖万捌仟肆佰肆拾伍元陆角整 | | | 亿 | 千 | 百 | 十 | 万 | 千 | 百 | 十 | 元 | 角 | 元 |
| | | | | | | ¥ | 9 | 8 | 4 | 4 | 5 | 6 | 0 | |
| 汇票到期日（大写） | 贰零贰叁年壹拾壹月零玖日 | 付款行 | 行号 | 15032 | | | | | | | | | | |
| 承兑协议编号 | 0040110402 | | 地址 | 顺德区河滨南路16号 | | | | | | | | | | |

本汇票请你行承兑，此项汇票款我单位承兑协议于到期日前足额交存银行，到期请予以支付。

[佛山海纳家具有限公司 财务专用章 李海林]　出票人签章

本汇票已承兑，到期由本行承付。

承兑行签章
承兑日期：2023.08.09

备注：

[中国银行银行承兑汇票专用章 440303376268436]

复核　记账

图 13-7　银行承兑汇票

## 记 账 凭 证

年　月　日　　　　　　　　　　　字第　号

| 摘　要 | 总账科目 | 明细科目 | 借方金额 | | | | | | | | | 贷方金额 | | | | | | | | | 账页或 √ |
|---|---|---|---|---|---|---|---|---|---|---|---|---|---|---|---|---|---|---|---|---|---|
| | | | 千 | 百 | 十 | 万 | 千 | 百 | 十 | 元 | 角 | 分 | 千 | 百 | 十 | 万 | 千 | 百 | 十 | 元 | 角 | 分 | |
| | | | | | | | | | | | | | | | | | | | | | | |
| | | | | | | | | | | | | | | | | | | | | | | |
| | | | | | | | | | | | | | | | | | | | | | | |
| | | | | | | | | | | | | | | | | | | | | | | |
| | | | | | | | | | | | | | | | | | | | | | | |
| 附属单证　　张 | | 合计 | | | | | | | | | | | | | | | | | | | | |

会计主管　　　　　　　记账　　　　　　　审核　　　　　　　制单

图 13-8　记账凭证

3. 2023年8月10日,根据合同,广东裕美家具有限公司向深圳佳缘家具有限公司销售办公桌90张,沙发80套,开出增值税专用发票。合同约定,按不含税价款提供现金折扣,现金折扣条件为(2/10,1/20,n/30),如图13-9至图13-11所示。

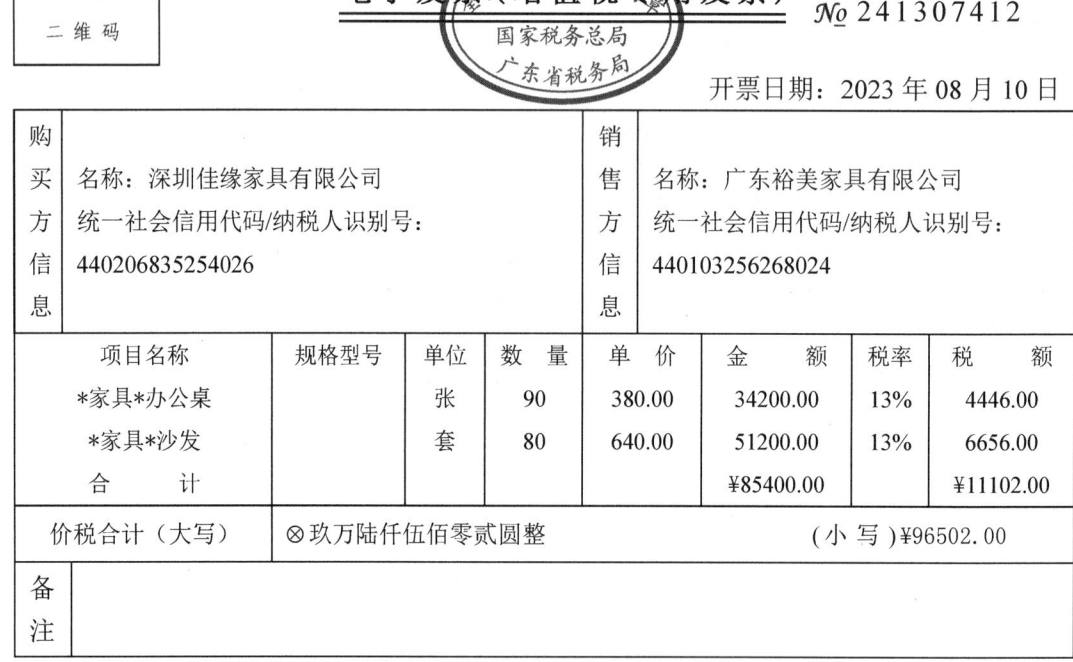

图13-9 增值税专用发票

## 产品出库单

2023年8月10日　　　　　　　　　　　　　　　　　　金额单位:元

| 产品名称 | 规格 | 型号 | 单位 | 数量 | 单位成本 | 金额 |
|---|---|---|---|---|---|---|
| 办公桌 | | | 张 | 90 | | |
| 沙发 | | | 套 | 80 | | |

仓库主管:陈德明　　　复核:杨东梅　　　发货:朱永材　　　制单:梁芳

图13-10 产品出库单

## 记 账 凭 证

年 月 日　　　　　　　　　　　　　　　　字第　号

| 摘　要 | 总账科目 | 明细科目 | 借方金额 千百十万千百十元角分 | 贷方金额 千百十万千百十元角分 | 账页或√ |
|---|---|---|---|---|---|
|  |  |  |  |  |  |
|  |  |  |  |  |  |
|  |  |  |  |  |  |
|  |  |  |  |  |  |
|  |  |  |  |  |  |
|  |  |  |  |  |  |
| 附属单证　　张 |  | 合计 |  |  |  |

会计主管　　　　　　　记账　　　　　　　审核　　　　　　　制单

图 13-11　记账凭证

4. 2023 年 8 月 20 日，广东裕美家具有限公司（法定代表人：杨德兴；开户行及账号：建行东环支行，11682674052）收到深圳佳缘家具有限公司（开户行及账号：工行怡景支行，12934783058）支付的本月 10 日的货款，如图 13-12 至图 13-15 所示。

## 中国工商银行支票（粤）　　　　GS 06824241

付款期限自出票之日起十天

出票日期（大写）贰零贰叁年捌月零贰拾日　　付款行名称：工行怡景支行
收款人：广东裕美家具有限公司　　　　　　　出票人账号：12934783058

人民币（大写）玖万肆仟柒佰玖拾肆元整　　　千百十万千百十元角分
　　　　　　　　　　　　　　　　　　　　　￥9 4 7 9 4 0 0

用途　支付货款　　深圳佳缘家具有限公司财务专用章　郑利德　　密码＿＿＿
上列款项请从　　　　　　　　　　　　　　　　　　行号＿＿＿
我账户内支付
出票人签章　　　　　　　　　　　　　　　复核　　　记账

附加信息：　　　被背书人：　　　　　　　被背书人：

　　　　　　　　背书人签章　　　　　　　背书人签章
　　　　　　　　　年 月 日　　　　　　　　年 月 日

图 13-12　转账支票

## 中国建设银行进账单 （回 单） 1

年 月 日

| 出票人 | 全 称 | | 收款人 | 全 称 | |
|---|---|---|---|---|---|
| | 账 号 | | | 账 号 | |
| | 开户银行 | | | 开户银行 | |

| 金额 | 人民币（大写） | | 亿千百十万千百十元角分 |
|---|---|---|---|

| 票据种类 | | 票据张数 | |
|---|---|---|---|
| 票据号码 | | | |

复核　　　　　记账　　　　　　　　　　　　　　开户银行盖章

此联是开户银行交给持（出）票人的回单

图 13-13　银行进账单

## 现金折扣审批单

2023年8月20日　　　　　　　　　　　　　金额单位：元

| 购买单位 | 深圳佳缘家具有限公司 | | 现金折扣条件 | (2/10,1/20,n/30) | |
|---|---|---|---|---|---|
| 商品名称 | 销售时间 | 收款时间 | 售价金额 | 折扣率 | 现金折扣 |
| 办公桌 | 2023.8.10 | 2023.8.20 | 34 200.00 | 2% | 684.00 |
| 沙发 | 2023.8.10 | 2023.8.20 | 51 200.00 | 2% | 1 024.00 |
| | | | | | |
| 合计 | — | — | ¥85 400.00 | 2% | ¥1 708.00 |

会计主管：范永建　　　　　销售主管：王裕峰　　　　　制表：梁芳

图 13-14　现金折扣审批单

## 记 账 凭 证

年 月 日　　　　　　　　　　　　　　　　　字第　号

| 摘　要 | 总账科目 | 明细科目 | 借方金额 千百十万千百十元角分 | 贷方金额 千百十万千百十元角分 | 账页或√ |
|---|---|---|---|---|---|
| | | | | | |
| | | | | | |
| | | | | | |
| | | | | | |
| | | | | | |
| 附属单证　　张 | | 合计 | | | |

会计主管　　　　　记账　　　　　审核　　　　　制单

图 13-15　记账凭证

**【职场拓展】**

## 郑鹏:奋斗者正青春 倾情服务暖人心

"全国向上向善好青年""全国民航五一劳动奖章""北京榜样"……从一名安检员成长为首都机场安保公司大兴机场分公司通道管理科科长,郑鹏的荣誉不少,而他却始终把"平凡"挂在嘴上:"我就是一个平凡人,只想在平凡岗位上努力奋斗,为社会作出更多贡献。"

首都机场被称为"中国第一国门",郑鹏就是保卫国门安全的"守门人"之一。在首都机场3号航站楼,安检口高峰期能达到每天5万人次。最忙时上班十几个小时,吃不上饭,喝不了水。但只要在岗位上,郑鹏就只想着怎么把工作做好,守护每名旅客的出行安全。

2019年,郑鹏被调往北京大兴国际机场,任职行李检查科副科长,他主动挑起更重的担子。那时,大兴机场还在建设中,为落实安检通道建设和运行筹备工作,他每天跑工地,从头到脚都是灰。给安检通道做压力测试,要24小时连轴转,他累了就躺在纸箱壳子上面睡。

安检工作直接与旅客打交道,既讲安全,又讲服务。郑鹏以"想旅客所想,急旅客所急"的标准来要求自己。

有一次,在机场单向控制港出口,他看见一名旅客焦急地找到安检员:"我的电脑丢在里面的卫生间了,资料特别重要,能让我进去找吗?"按规定,单向控制港不能折返,而正常走失物招领程序,则需要1个多小时。

"旅客急得满头大汗,关键是卫生间属于监控死角,得尽快帮她找到遗失物品。"郑鹏当机立断,安排安检员专程去找,7分钟内就将电脑送到旅客面前。

帮小孩找家人、帮旅客找回身份证、帮老人找回钱包……像这样的事,郑鹏和同事们还做了很多。办公室里挂了20多面群众送来的锦旗。

这就是坚守平凡岗位的郑鹏,以敬业、热情、实干、创新,干出了不平凡的业绩。

(资料来源:邱超奕.首都机场安保公司大兴机场分公司通道管理科科长郑鹏:平凡岗位上,干出不平凡(奋斗者正青春)[EB/OL].[2022-06-27].https://news.ycwb.com/2022-06/27/content_40876793.htm,有删改.)

**思考**:请问该故事道出了怎样的人生哲理?

# 第14章 对外投资核算

【知识提要】

1. 对外投资是指小企业在本身经济业务以外以现金、实物、无形资产或者购买股票、债券等有价证券向境内外的其他单位进行的投资。按投资回收期的不同,对外投资可以分短期投资与长期投资。

2. 短期投资是指小企业购入的能随时变现并且持有时间不准备超过1年(含1年)的投资。为了核算短期投资的取得、收取现金股利或利息、处置等业务,小企业应当设置"短期投资""投资收益""应收股利""应收利息"等账户。

3. 小企业购入股票、债券、基金等作为短期投资的,应当按照实际支付的购买价款和相关交易费用,借记"短期投资"账户,贷记"银行存款"等账户。如果实际支付价款中包含了已宣告但尚未发放的现金股利或已到付息期但尚未领取的债券利息,应当单独确认为应收项目,记入"应收股利"或"应收利息"账户。

4. 长期投资是指小企业开展的不准备在1年或长于1年的一个经营周期内变现的投资。长期投资按照投资标的的不同,可分为长期债券投资与长期股权投资。长期债券投资是指小企业准备长期(1年以上)持有的债券投资。

5. 小企业应当设置"长期债券投资"账户,用于核算小企业准备长期持有的债券投资。"长期债券投资"账户的期末余额在借方,表示小企业持有的分期付息到期还本的长期债券投资的成本和到期一次还本付息的长期债券投资的本息。

6. 长期股权投资是指小企业准备长期持有的权益性投资。小企业应设置"长期股权投资"账户,用于核算小企业准备长期持有的权益性投资。该账户的期末余额在借方,表示小企业持有的长期股权投资的成本。

【实训训练】

一、判断题

1. 小企业长期债券投资损失应当于实际发生时计入营业外支出,同时冲减长期债券投资账面余额。（　　）

2. 小企业取得短期投资采用历史成本计量,发生的交易费用应计入投资收益。（　　）

3. 由于短期投资的短期性,投资企业一般不重视对被投资企业的管理决策权,而主要重视投资收益。（　　）

4. 小企业购入短期债券,如果实际支付价款中包含了已到付息期,但尚未领取的债券利息,应当计入短期债券投资的成本。（　　）

5. 小企业取得长期债券投资采用历史成本计量,发生的交易费用计入投资成本。（    ）
6. 对于资产负债表日发生的短期投资的公允价值的变动,小企业不作任何处理。（    ）
7. 按照《小企业会计准则》规定,小企业收到短期债券投资的利息,可能贷记"财务费用"账户。（    ）
8. 小企业对长期股权投资可以选择成本法或权益法进行会计核算。（    ）
9. 小企业长期股权投资损失应当于实际发生时计入营业外支出,同时冲减长期股权投资账面余额。（    ）
10. 采用成本法核算长期股权投资,被投资单位宣告分派现金股利时,投资企业应当按照应分得的金额确认为当期投资收益。（    ）

**二、单项选择题**

1. 短期投资的持有时间一般不超过（    ）个月。
   A. 3 　　　　　　　　　　　　　　B. 6
   C. 12 　　　　　　　　　　　　　 D. 24

2. 2023年6月8日,A企业以银行存款购入某上市公司股票1.8万股,共支付款项200 000元,其中包括已宣告但尚未发放的现金股利12 000元。另支付交易手续费2 000元。该短期投资的初始投资成本为（    ）元。
   A. 200 000 　　　　　　　　　　　B. 198 000
   C. 202 000 　　　　　　　　　　　D. 190 000

3. 作为短期投资购入的股票中,如果包含已宣告但尚未发放的现金股利,这部分股利应（    ）。
   A. 记入"投资收益"账户 　　　　　B. 记入"应收股利"账户
   C. 记入"营业外收入"账户 　　　　D. 记入"短期投资"账户

4. 2023年6月14日,B企业购入C公司股票10 000股作为短期投资,每股股价10元,另支付佣金、手续费等共计1 000元,所有款项均以银行存款支付。2023年9月14日,该企业以每股12元的价格全部出售该股票,同时支付手续费2 000元。计算B企业短期投资的投资收益为（    ）元。
   A. 17 000 　　　　　　　　　　　　B. 19 000
   C. 16 000 　　　　　　　　　　　　D. 18 000

5. 甲企业采用小企业会计准则核算。2023年6月1日,购入当日发行的5年期、年利率10%的到期还本付息债券,实际支付价款为200 000元(不考虑手续费等),该债券面值为190 000元,2024年4月1日企业以210 000元出售该批债券,则该批债券累计所取得的投资收益为（    ）元。
   A. 10 000 　　　　　　　　　　　　B. 20 000
   C. 21 000 　　　　　　　　　　　　D. 19 000

6. 到期一次还本付息的长期债券投资,小企业在债务人应付利息日,应按照票面利率计算的利息收入,借记（    ）账户。

A. "应收利息" B. "长期债券投资——溢折价"
C. "应收股利" D. "长期债券投资——应计利息"

7. 某小企业以每张 110 元的价格购入当日发行的票面利率 10% 的 5 年期债券 1 000 张，并准备长期持有，债券面值 100 元，另支付相关税费 500 元，则账务处理应(   )。

A. 借记"长期债券投资——面值"账户  110 500
B. 借记"长期债券投资——溢折价"账户  10 500
C. 借记"长期债券投资——溢折价"账户  500
D. 借记"长期债券投资——面值"账户  99 500

8. 采用成本法核算长期股权投资时，下列各项中应相应调减长期股权投资账面价值的是(   )。

A. 被投资单位当年实现净利润 B. 投资企业追加投资
C. 被投资单位当年发生亏损 D. 发生长期股权投资损失

9. 2023 年 6 月 1 日，A 小企业购入 B 公司普通股股票 100 000 股，每股 8.5 元，其中包括已宣告但尚未发放的现金股利 50 000 元，以银行存款支付，并准备长期持有，另支付相关费用 20 000 元。该投资的初始投资成本为(   )元。

A. 870 000 B. 820 000
C. 850 000 D. 800 000

10. 小企业实际发生的长期股权投资损失应计入(   )。

A. 长期股权投资减值准备 B. 长期股权投资减值损失
C. 营业外支出 D. 投资收益

### 三、会计核算题

1. 华建公司(小企业)2023 年发生如下经济业务，请编制相关的会计分录。

(1) 7 月 11 日，从二级市场上购入 D 公司发行的公司债券，该债券于 2020 年 7 月 1 日发行、期限为 10 年、债券面值为 300 000 元、票面利率为 5%、计息期为每年的 7 月 1 日至下年的 7 月 1 日。企业持有该债券的目的是短期获利，支付价款 320 000 元，其中包括已宣告但尚未发放的债券利息 15 000 元和交易费用 5 000 元。

(2) 7 月 16 日，收到以上债券利息 15 000 元。

(3) 10 月 18 日，以 350 000 元的价格出售该债券，同时支付交易手续费 8 000 元。

2. 毅林公司(小企业)发生如下经济业务,请编制相关的会计分录。

(1) 2023 年 4 月 1 日,购入 B 公司普通股股票 10 000 股,每股 10.5 元,其中包括已宣告但尚未发放的现金股利(每股 0.5 元),以银行存款支付,并准备长期持有,另支付相关交易费用 5 000 元。

(2) 2023 年 4 月 6 日,收到 B 公司分派的现金股利 5 000 元。

(3) 2024 年 7 月 9 日,B 公司宣告发放现金股利,每股 0.6 元。

(4) 2024 年 7 月 16 日,收到 B 公司分派的现金股利。

(5) 2024 年 7 月 31 日,将持有的 B 公司股票以每股 11 元的价格出售。同时支付相关交易费 8 000 元。

3. 2023 年 8 月 3 日,精展公司以银行存款购入某股份公司股票 10 000 股,作为短期投资,每股成交价 9.8 元,其中包括每股 0.2 元已宣告但尚未分派的现金股利,另支付相关税费 400 元。8 月 10 日,精展公司收到该公司发放的现金股利。10 月 18 日,精展公司出售上述股票,售价为 100 000 元。

4. 2023年8月1日,联科公司以每张110元的价格购入某公司当日发行的3年期债券100张作为长期投资,票面年利率10%,债券面值100元,另支付有关交易费用500元。

5. 2023年9月20日,科联公司持有3年的债券到期,收回金额240 000元,该债券账面余额为220 000元,其中债券面值200 000元,应计利息20 000元。

6. 2023年8月16日,科原公司以银行存款购买某股份公司的股票10 000股,作为长期投资核算,每股买入价为8.5元,每股价格中包含有0.5元的已宣告但尚未发放的现金股利,另支付相关税费2 000元,9月20日,科原公司实际收到上述现金股利。

**四、会计实操题**(要求完成未填好的原始凭证,填制记账凭证)

1. 2023年7月16日,广东裕美家具有限公司以交易为目的,通过二级市场购入众业达股票5 000股,每股市价21.46元,另支付交易手续费等相关费用162元,如图14-1和图14-2所示。

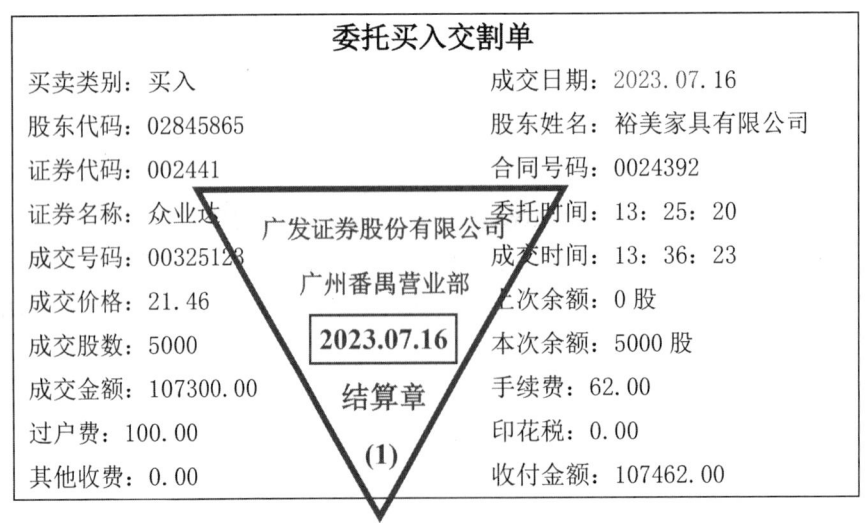

图14-1 委托买入交割单

记 账 凭 证

年 月 日　　　　　　　　　　　　　　　　字第　号

| 摘　要 | 总账科目 | 明细科目 | 借方金额 千百十万千百十元角分 | 贷方金额 千百十万千百十元角分 | 账页或√ |
|---|---|---|---|---|---|
|  |  |  |  |  |  |
|  |  |  |  |  |  |
|  |  |  |  |  |  |
|  |  |  |  |  |  |
|  |  |  |  |  |  |
|  |  |  |  |  |  |
| 附属单证　　张 |  | 合计 |  |  |  |

会计主管　　　　　　　记账　　　　　　　审核　　　　　　　制单

图 14-2　记账凭证

2. 2023 年 8 月 20 日,广东裕美家具有限公司以交易为目的,通过二级市场购入科大讯飞股票 2 000 股,每股市价 46.80 元,另支付交易手续费等相关费用 124 元。科大讯飞于 8 月 16 日宣告每 10 股派发现金股利 5 元,该现金股利将按 8 月 23 日的股东名册发放,如图 14-3 至图 14-5 和表 14-1 所示。

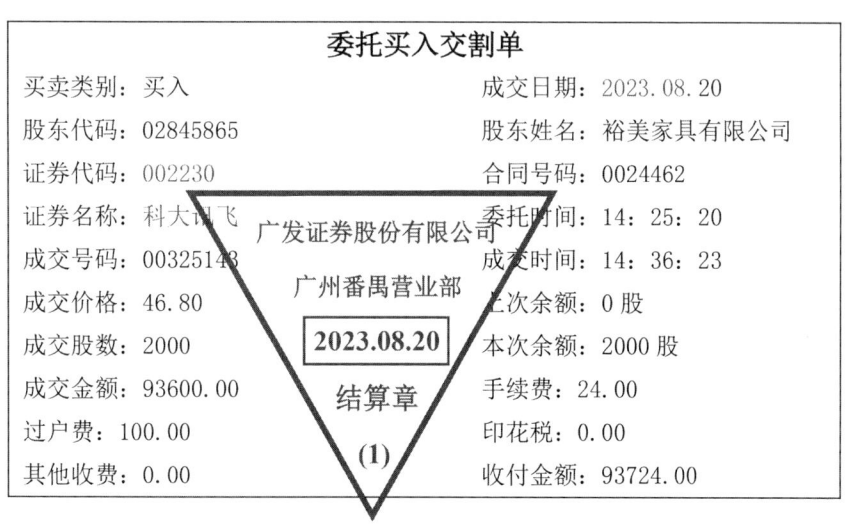

图 14-3　委托买入交割单

### 科大讯飞2022年度分红派息实施公告

科大讯飞（002230）2022年度权益分派方案为：每10股派5元人民币现金。股权登记日：2023年8月23日，除息日：2023年8月24日。

本公司此次委托中国结算深圳分公司代派的股息将于2023年8月24日通过股东托管证券公司（或其他托管机构）直接划入其资金账户。

科大讯飞股份有限公司
2103064582683226
2023年8月16日

图 14-4 分红派息实施公告

表 14-1 应收股利计算表

2023年8月20日　　　　　　　　　　　　　　　　金额单位：元

| 项目 | 股份数 | 股利分配率 | 应分得股利 |
|---|---|---|---|
| 应收股利 | 2 000 | 0.5 | 1 000 |
|  |  |  |  |
|  |  |  |  |
| 合计 | 2 000 | 0.5 | ￥1 000.00 |

会计主管：范永建　　　　　　会计：杨东梅　　　　　　制表：梁芳

## 记 账 凭 证

年　月　日　　　　　　　　　　　　　　　　　　　字第　号

| 摘　要 | 总账科目 | 明细科目 | 借方金额 千百十万千百十元角分 | 贷方金额 千百十万千百十元角分 | 账页或√ |
|---|---|---|---|---|---|
|  |  |  |  |  |  |
|  |  |  |  |  |  |
|  |  |  |  |  |  |
|  |  |  |  |  |  |
|  |  |  |  |  |  |
| 附属单证　　张 |  | 合计 |  |  |  |

会计主管　　　　　　记账　　　　　　审核　　　　　　制单

图 14-5 记账凭证

**【职场拓展】**

## 师傅巧言责徒

一位做饭的师傅招了个徒弟,这个徒弟别的什么都还好,就是嘴馋,经常会偷吃东西。师傅早就知道徒弟的这个"缺点",但苦于没有把柄,只能咽下这口"苦气"。

有一天,师徒二人去一户人家操办酒席。师傅暗暗琢磨:"这回我非要瞅准机会,查个水落石出不可。"做菜时,师傅把肉切成四方块,数数共有32块。烧好后盛放在大盘子里,然后找借口出去办点事。师傅在外面故意与人拉了一阵家常,瞅个空子回来考验徒弟。

师傅回来后,数数肉块,不多不少,仍然是32块,只是感觉每块肉明显小了许多。再仔细察看,原来每块肉都有被刀切过的痕迹,使大方块肉明显变成了小方块。师傅终于得出了结论:"徒弟不轨,难以容留。"于是,就写了一张纸条放在徒弟床头,上面写道:"出兵三十二,收兵十六双。点兵兵不少,个个都受伤。"

那个徒弟干完活儿,当晚看到师傅留下的这个纸条,心中有愧,连夜卷起铺盖,招呼也不打一声,悄悄地溜走了。师徒二人的情分就这样完结。

人的品德最重要,偷吃行为算不得什么太大的错误,但在师傅眼里,偷吃就是一种"人品失德"行为。这样的人走向社会,也是一个不受欢迎的人。人家会骂徒弟,更会骂师傅,怎么教出如此"贼徒"呢?徒无德,师之过。师傅宁愿不要这个徒弟,不过,从师傅辞退徒弟的语言艺术来讲,也是给徒弟留足了面子。

(资料来源:小鱼儿.师傅巧言责徒[J].演讲与口才,2023(1):31.)

**思考**:请问该故事道出了怎样的人生哲理?

# 第 15 章 利润核算

【知识提要】

1. 营业外收入是指小企业非日常生产经营活动形成的，应当计入当期损益、会导致所有者权益增加、与所有者投入资本无关的经济利益的流入。通常情况下，小企业的营业外收入应当在实现时按照其实现金额计入当期损益。

2. 营业外支出是指小企业非日常生产经营活动形成的，应当计入当期损益、会导致所有者权益减少、与所有者分配利润无关的经济利益的净流出。通常情况下，小企业的营业外支出应当在其发生时按其发生额计入当期损益。

3. 利润是指小企业在一定会计期间的经营成果。利润由营业利润、利润总额和净利润等组成。营业利润是指营业收入减去营业成本、税金及附加、销售费用、管理费用、财务费用，加上投资收益（或减去投资损失）后的余额。利润总额是指营业利润加上营业外收入，减去营业外支出后的金额。净利润是指利润总额减去所得税费用后的净额。

4. 利润分配是指小企业根据国家有关规定和小企业章程、投资者协议等，对小企业当年可供分配的利润所进行的分配。小企业当年可供分配的利润包括小企业当年实现的净利润（或净亏损）、年初未分配利润（或未弥补亏损）和其他转入（如用盈余公积补亏）等。

【实训训练】

一、判断题

1. 营业外支出是指企业发生的与其日常经营活动有直接关系的各项损失。　　　　（　　）
2. 《小企业会计准则》下，印花税通过"管理费用"账户核算。　　　　（　　）
3. 小企业出租固定资产和包装物取得的租金收入应计入营业外收入。　　　　（　　）
4. 小企业存货的盘盈收益应当计入营业外收入。　　　　（　　）
5. 小企业已作为营业外支出处理的资产，在以后会计年度收回时，应冲减当期的营业外支出。　　　　（　　）
6. 年度终了，除"未分配利润"明细账户外，"利润分配"账户下的其他明细账户应当无余额。　　　　（　　）
7. 企业应按本年度实现的净利润的10%提取法定盈余公积。　　　　（　　）
8. 应付利润是指企业根据董事会或类似机构审议批准的利润分配方案确定分配给投资者的现金股利或利润。　　　　（　　）
9. 董事会通过股票股利分配方案时，财会部门应将拟分配的股票股利确认为负债。（　　）

10. "利润分配——未分配利润"账户的贷方余额,表示企业历年累计结存的未分配利润。
（   ）

二、单项选择题
1. 利润总额减去所得税费用后的净额是(    )。
   A. 营业利润　　　B. 营业外利润　　　C. 净利润　　　D. 营业收入
2. 小企业按照规定实行企业所得税先征后返的,实际收到返还的企业所得税,在(   )账户中反映。
   A. "所得税费用"　　　　　　　　B. "应交税费——应交所得税"
   C. "营业外支出"　　　　　　　　D. "营业外收入"
3. 小企业年末结转本年利润,必须选用的方法是(    )。
   A. 账结法　　　B. 表结法　　　C. 文字记录法　　　D. 以上三种都可
4. 小企业在提取法定盈余公积时,应按照弥补以前年度亏损后的净利润的一定比例计提,这一比例是(    )。
   A. 5%　　　B. 10%　　　C. 25%　　　D. 50%
5. "利润分配——未分配利润"账户的借方余额,表示(    )。
   A. 结存的公益金　　　　　　　　B. 结存的盈余公积
   C. 未弥补亏损　　　　　　　　　D. 未分配利润
6. 小企业在利润分配时,其税后利润应优先(    )。
   A. 提取法定盈余公积　　　　　　B. 弥补以前年度亏损
   C. 提取任意盈余公积　　　　　　D. 向投资者分配利润
7. 小企业发生的年度亏损,可以用以后年度实现的税前利润弥补,连续弥补期限不得超过(   )年。
   A. 2　　　B. 3　　　C. 4　　　D. 5
8. 计算应交所得税时,属于纳税调整减少额的是(    )。
   A. 超过税法规定标准的工资支出　　B. 超过税法规定标准的业务招待费支出
   C. 税收滞纳金　　　　　　　　　　D. 国债利息收入
9. 某小企业 2023 年年末账面会计利润为 350 000 元,税收滞纳金 3 000 元,业务招待费超支 2 450 元,国债利息收入 6 000 元,其应纳税所得额为(    )元。
   A. 361 450　　　B. 338 550　　　C. 350 550　　　D. 349 450
10. 某小企业 2023 年年初未分配利润贷方余额为 35 000 元,本年实现净利润 700 000 元,提取盈余公积 105 000 元,则年末未分配利润的账户余额为(    )元。
    A. 630 000　　　B. 695 000　　　C. 70 000　　　D. 35 000

三、多项选择题
1. 以下应确认为小企业营业外收入的有(    )。
   A. 非流动资产处置净收益　　　　B. 政府补助

C. 捐赠收益　　　　　　　　　　　D. 盘盈收益

2. 以下属于营业利润计算公式中减项的有(　　)。

A. 营业收入　　　　　　　　　　　B. 营业成本

C. 税金及附加　　　　　　　　　　D. 管理费用

3. 以下应确认为小企业营业外支出的有(　　)。

A. 无形资产处置净收益　　　　　　B. 坏账损失

C. 长期股权投资净损失　　　　　　D. 存货毁损净损失

4. 小企业实现的利润可以用于(　　)。

A. 以税前利润弥补以前5年内的亏损　　B. 以税前利润弥补以后5年内的亏损

C. 提取盈余公积　　　　　　　　　D. 向投资者分配利润

5. 公司制小企业的盈余公积包括(　　)。

A. 未分配利润　　　　　　　　　　B. 法定盈余公积

C. 未弥补亏损　　　　　　　　　　D. 任意盈余公积

6. 小企业提取的盈余公积可以用于(　　)。

A. 弥补亏损　　　　　　　　　　　B. 转增资本

C. 向投资者分配　　　　　　　　　D. 扩大生产经营

**四、会计核算题**

1. 2023年9月10日,某企业因客户违约取得罚款收入10 000元,存入银行;9月20日以支票支付环保排污罚款5 000元。

2. 某企业2023年实现税后利润300 000元,按规定计提法定盈余公积,计提比例为10%。

3. 某小企业属于增值税一般纳税人,2023年9月发生下列营业外收支业务,请编制相关会计分录。

(1) 27日,收到货币资金捐赠50 000元,捐赠款已存入银行。

(2) 28日,收到出租包装物租金收入1 000元,增值税额130元,款项尚未收到。

4. 某小企业属于增值税一般纳税人,2023年10月发生如下经济业务,请编制相关会计分录。

(1) 发生无法支付的应付账款5 000元。

(2) 本月发生管理费用20 000元、销售费用10 000元、财务费用2 000元,均以银行存款支付。

(3) 本月发生固定资产盘亏净损失20 000元。

(4) 月末结转本月各费用类账户。

5. 2023年6月30日,某小企业按协议规定应付给投资者利润50 000元,7月10日开出转账支票支付给投资者应付利润。

**五、会计实操题**(要求完成未填好的原始凭证,填制记账凭证)

1. 广东裕美家具有限公司2023年8月10日,因广州百川家具有限公司违约,按合同约定,收取百川公司违约金,存入银行,如图15-1和图15-2所示。

中国建设银行 进账单 (回单)  1

2023年08月10日

| | | | | | | | | | |
|---|---|---|---|---|---|---|---|---|---|
| 出票人 | 全称 | 广州百川家具有限公司 | 收款人 | 全称 | 广东裕美家具有限公司 | | | | |
| | 账号 | 11676243355 | | 账号 | 11682674052 | | | | |
| | 开户银行 | 建行光明支行 | | 开户银行 | 建行东环支行 | | | | |
| 金额 | 人民币(大写) | 壹仟元整 | | | ¥ | 1 | 0 | 0 | 0 00 |
| 票据种类 | | 支票 | 票据张数 | 壹 | 2023.08.10 办讫章 (4) | | | | |
| 票据号码 | | 12564028 | | | | | | | |
| 复核 | | | 记账 | | 开户银行盖章 | | | | |

中国建设银行股份有限公司 广州东环支行

此联是开户银行交给持(出)票人的回单

图15-1 银行进账单

## 记 账 凭 证

年 月 日　　　　　　　　　　　　　　　　　　　　　字第　号

| 摘　要 | 总账科目 | 明细科目 | 借方金额 千百十万千百十元角分 | 贷方金额 千百十万千百十元角分 | 账页或√ |
|---|---|---|---|---|---|
|  |  |  |  |  |  |
|  |  |  |  |  |  |
|  |  |  |  |  |  |
|  |  |  |  |  |  |
|  |  |  |  |  |  |
|  |  |  |  |  |  |
| 附属单证　　张 |  | 合计 |  |  |  |

会计主管　　　　　　　记账　　　　　　　审核　　　　　　　制单

图 15-2　记账凭证

2.广东裕美家具有限公司 2023 年 8 月份有关损益类账户的发生额如表 15-1 所示,结转各损益类账户到"本年利润",如图 15-3 和图 15-4 所示。

表 15-1　　　　　　　各损益类账户发生额表(结转到本年利润前)

2023 年 8 月　　　　　　　　　　　　　　　　　金额单位:元

| 收入类账户 | 贷方发生额 | 费用类账户 | 借方发生额 |
|---|---|---|---|
| 主营业务收入 | 468 300.00 | 主营业务成本 | 289 752.00 |
| 其他业务收入 | 25 120.00 | 其他业务成本 | 17 348.00 |
| 投资收益 | 36 120.00 | 税金及附加 | 3 490.00 |
| 营业外收入 | 3 000.00 | 销售费用 | 47 004.00 |
|  |  | 管理费用 | 22 926.00 |
|  |  | 财务费用 | 6 775.00 |
|  |  | 营业外支出 | 50 000.00 |
| 合计 | ¥532 540.00 | 合计 | ¥437 295.00 |

## 记 账 凭 证

年 月 日　　　　　　　　　　　　　　　　　　字第　号

| 摘要 | 总账科目 | 明细科目 | 借方金额 千百十万千百十元角分 | 贷方金额 千百十万千百十元角分 | 账页或√ |
|---|---|---|---|---|---|
| | | | | | |
| | | | | | |
| | | | | | |
| | | | | | |
| | | | | | |
| | | | | | |
| | | | | | |
| | | | | | |
| 附属单证　张 | | 合计 | | | |

会计主管　　　　　　　记账　　　　　　　审核　　　　　　　制单

图 15-3　记账凭证

## 记 账 凭 证

年 月 日　　　　　　　　　　　　　　　　　　字第　号

| 摘要 | 总账科目 | 明细科目 | 借方金额 千百十万千百十元角分 | 贷方金额 千百十万千百十元角分 | 账页或√ |
|---|---|---|---|---|---|
| | | | | | |
| | | | | | |
| | | | | | |
| | | | | | |
| | | | | | |
| | | | | | |
| | | | | | |
| | | | | | |
| 附属单证　张 | | 合计 | | | |

会计主管　　　　　　　记账　　　　　　　审核　　　　　　　制单

图 15-4　记账凭证

**【职场拓展】**

### 孟晚舟在机场发表感言:祖国,我回来了!

2021年9月25日晚,孟晚舟乘坐的包机抵达深圳宝安国际机场。约10时12分,孟晚舟走出机舱。在飞机滑行时,孟晚舟向舷窗外迎接的群众挥手致意,前来现场迎接她的各界人士挥舞着鲜艳的五星红旗,大家齐呼"欢迎回家",工作人员向她献上一束玫瑰花。

孟晚舟说,经过1 000多天的煎熬,她终于回到了祖国的怀抱。异国他乡的漫长等待,充满了挣扎和煎熬,但当她走下舷梯,双脚落地的那一刻,家乡的温度让我心潮澎湃,难以言表。祖国,我回来了!

讲稿全文如下:

经过1 000多天的煎熬,我终于回到了祖国的怀抱。异国他乡的漫长等待,充满了挣扎和煎熬,但当我走下舷梯,双脚落地的那一刻,家乡的温度让我心潮澎湃,难以言表。祖国,我回来了!感谢伟大的祖国和人民,感谢党和政府的关怀,感谢所有关注和关心我的人。

作为一名普通的中国公民,遭遇这样的困境,滞留异国他乡3年,我无时无刻不感受到党、祖国还有人民的关爱和温暖。习主席关心我们每一位中国公民的安危,同样也把我的事情挂在心上,让我深受感动。我也感谢在这个过程中,所有相关部门对我的鼎力支持和帮助,他们坚定地维护了中国企业和中国公民的正当权益。

回首前三年,我更加明白,个人命运、企业命运和国家的命运是十指相连,祖国是我们最坚强的后盾,只有祖国的繁荣昌盛,企业才能稳健发展,人民才能幸福安康。作为一名普通的中国人,我以祖国为傲。作为一名奋斗的华为人,我以华为为傲。

艰难方显勇毅,磨砺始得玉成。所有的挫折与困难、感激与感动、坚守与担当,都将化作我们前进的动力和拼搏的勇气。我们坚决拥护以习主席为核心的党中央,忠于自己的国家,热爱自己的事业,在政府的管理规则下努力发展好企业,为国家、为社会多做贡献。

国庆即将来临,提前祝祖国母亲生日快乐!我想说,有五星红旗的地方,就有信念的灯塔。如果信念有颜色,那一定是中国红!

(资料来源:凤凰卫视资讯台.孟晚舟机场哽咽发表感言:祖国,我回来了!
[EB/OL].[2021-09-25].https://i.ifeng.com/c/89pjYUZU81n.)

**思考**:请问该故事道出了怎样的人生哲理?

# 第 16 章　财务报表编制

【知识提要】

1. 财务报表是指对小企业财务状况、经营成果和现金流量的结构性表述。小企业的财务报表至少应当包括资产负债表、利润表、现金流量表以及附注。

2. 资产负债表是指反映小企业某一特定日期财务状况的财务报表。小企业的资产负债表应采用账户式结构。账户式资产负债表分左、右两方，左方为资产项目，按资产的流动性大小排列；右方为负债及所有者权益项目，其中负债项目按偿还的先后顺序排列，所有者权益项目按其永续性递减顺序排列。

3. 利润表是指反映小企业在一定会计期间经营成果的财务报表。小企业的利润表应采用多步式结构，即通过对当期的收入和费用项目加以归类，按利润形成的主要环节列示一些中间性利润指标，如营业利润、利润总额和净利润，分步计算当期的净利润。

4. 现金流量表是指反映小企业在一定会计期间现金流入和流出情况的财务报表。小企业的现金流量表应采用报告式结构。根据业务活动的性质和现金流量的来源，现金流量表在结构上将小企业一定期间发生的现金流量分为经营活动产生的现金流量、投资活动产生的现金流量和筹资活动产生的现金流量三类。

5. 财务报表附注是指对资产负债表、利润表和现金流量表等财务报表中列示项目的文字描述或明细资料，以及对未能在这些报表中列示项目的说明等。附注是财务报表重要的组成部分，小企业应当按照《小企业会计准则》规定披露附注信息。

【实训训练】

一、判断题

1. 小企业资产负债表的左方为资产项目，右方为负债及所有者权益项目。　　（　　）
2. "短期投资"项目是根据总分类账户的期末余额直接填列。　　（　　）
3. 小企业财务报表至少应当包括资产负债表、利润表、现金流量表以及附注。　　（　　）
4. 利润表是反映小企业在某一特定日期经营成果的财务报表。　　（　　）
5. 小企业资产负债表中，融资租入的固定资产原价包括在固定资产原价项目中。　（　　）
6. 小企业向投资者分配的利润不属于现金流量表反映的内容。　　（　　）

二、单项选择题

1. 下列各项资产负债表项目，根据总分类账户期末余额计算填列的是（　　）。
A. 应收票据　　　　B. 在建工程　　　　C. 存货　　　　D. 应收账款

2. 下列各资产负债表项目，根据总分类账户和明细分类账户期末余额分析计算填列的是（　　）。
   A. 货币资金　　　　B. 预收账款　　　　C. 无形资产　　　　D. 未分配利润

3. 2023年12月31日，某小企业有关总分类账户期末余额如下："原材料"账户借方余额10 000元，"生产成本"账户借方余额6 000元，"库存商品"账户借方余额20 000元，"材料成本差异"账户借方余额1 000元，"工程物资"账户借方余额20 000元。则该企业年末资产负债表"存货"项目应填列的金额为（　　）元。
   A. 57 000　　　　B. 56 000　　　　C. 55 000　　　　D. 37 000

4. 小企业利润表中，"营业收入"等于"主营业务收入"和（　　）账户的金额相加。
   A. "其他业务收入"　　　　　　　　B. "投资收益"
   C. "营业外收入"　　　　　　　　　D. "主营业务成本"

5. 某小企业2023年10月份费用类账户发生额如下："主营业务成本"25 000元，"其他业务成本"5 000元，"税金及附加"2 000元，"管理费用"10 000元，"销售费用"6 000元，"财务费用"1 000元。则该企业2023年10月"营业成本"为（　　）元。
   A. 25 000　　　　B. 30 000　　　　C. 32 000　　　　D. 49 000

6. 《小企业会计准则》规定，小企业现金流量表应采用的结构是（　　）。
   A. 账户式　　　　B. 多步式　　　　C. 报告式　　　　D. 单步式

7. 小企业取得的用于补偿已发生费用的政府补贴，应计入利润表的（　　）项目。
   A. 营业收入　　　B. 营业成本　　　C. 营业外收入　　　D. 营业外支出

8. 《小企业会计准则》规定，应收账款明细账户中若有贷方余额，应将其计入资产负债表中的（　　）项目。
   A. 应收票据　　　B. 预收账款　　　C. 应付账款　　　D. 其他应付款

### 三、多项选择题

1. 关于小企业资产负债表的说法，正确的有（　　）。
   A. 左方的资产项目按流动性从大到小排列
   B. 右方的负债项目按偿还的先后顺序排列
   C. 左方的资产项目按流动性从小到大排列
   D. 右方的负债项目按偿还的大小顺序排列

2. 下列各项中，根据有关资产账户期末余额及其备抵账户余额计算填列的有（　　）。
   A. 短期借款　　　　　　　　B. 无形资产
   C. 生产性生物资产　　　　　D. 固定资产账面价值

3. 《小企业会计准则》规定，小企业利润表的编制包括（　　）等步骤。
   A. 计算营业收入和营业成本　　B. 计算营业利润
   C. 计算利润总额　　　　　　　D. 计算净利润

4. 下列各项中，不会影响营业利润计算结果的有（　　）。
   A. 所得税费用　　B. 营业外支出　　C. 营业外收入　　D. 投资收益

5. 下列各项中,属于筹资活动产生现金流入的项目有( )。
A. 取得借款收到现金　　　　　　　　B. 销售商品收到的现金
C. 取得投资收益收到的现金　　　　　D. 吸收投资者投资收到的现金

6. 下列资产负债表项目中,根据总账账户余额直接填列的有( )。
A. 短期借款　　　B. 实收资本　　　C. 应收票据　　　D. 应收账款

## 四、会计核算题

1. 2023年12月31日,广东裕美家具有限公司有关总分类账户期末余额如表16-1所示,有关明细分类账户期末余额如表16-2所示。

表16-1　　　　　　　　　　总分类账户期末余额表
2023年12月31日　　　　　　　　　　金额单位:元

| 账户名称 | 借方余额 | 账户名称 | 贷方余额 |
|---|---|---|---|
| 库存现金 | 1 000 | 短期借款 | 400 000 |
| 银行存款 | 590 000 | 应付票据 | 0 |
| 应收票据 | 40 000 | 应付账款 | 160 000 |
| 应收账款 | 290 000 | 应付职工薪酬 | 15 000 |
| 其他应收款 | 2 000 | 应交税费 | 12 000 |
| 在途物资 | 40 000 | 累计折旧 | 600 000 |
| 原材料 | 50 000 | 累计摊销 | 2 0000 |
| 库存商品 | 60 000 | 长期借款 | 1 200 000 |
| 长期股权投资 | 700 000 | 实收资本 | 3 000 000 |
| 固定资产 | 3 900 000 | 盈余公积 | 100 000 |
| 无形资产 | 10 0000 | 利润分配(未分配利润) | 266 000 |
| 合　计 | 5 773 000 | 合　计 | 5 773 000 |

表16-2　　　　　　　　　有关明细分类账户期末余额表
2023年12月31日　　　　　　　　　　金额单位:元

| 账户名称 | 借或贷 | 余额 | 账户名称 | 借或贷 | 余额 |
|---|---|---|---|---|---|
| 应收账款 | 借 | 290 000 | 应付账款 | 贷 | 160 000 |
| ——胜华公司 | 借 | 240 000 | ——利源公司 | 贷 | 100 000 |
| ——百川公司 | 借 | 150 000 | ——泰华公司 | 贷 | 80 000 |
| ——海纳公司 | 贷 | 65 000 | ——永安公司 | 借 | 20 000 |
| ——佳缘公司 | 贷 | 35 000 | | | |

根据表16-1和表16-2的资料,编制裕美家具公司2023年12月31日资产负债表(简

表),如表16-3所示。

**表16-3　　　　　　　　　　资产负债表(简表)**

编制单位:裕美家具有限公司　　　　2023年12月31日　　　　　　金额单位:元

| 资产项目 | 期末余额 | 负债及所有者权益项目 | 期末余额 |
| --- | --- | --- | --- |
| 流动资产: | | 流动负债: | |
| 　货币资金 | | 　短期借款 | |
| 　应收票据 | | 　应付票据 | |
| 　应收账款 | | 　应付账款 | |
| 　预付账款 | | 　预收账款 | |
| 　其他应收款 | | 　应付职工薪酬 | |
| 　存货 | | 　应交税费 | |
| 　流动资产合计 | | 　流动负债合计 | |
| 非流动资产: | | 非流动负债: | |
| 　长期股权投资 | | 　长期借款 | |
| 　固定资产原价 | | 　非流动负债合计 | |
| 　减:累计折旧 | | 　负债合计 | |
| 　固定资产账面价值 | | 所有者权益: | |
| 　无形资产 | | 　实收资本 | |
| 　非流动资产合计 | | 　盈余公积 | |
| | | 　未分配利润 | |
| | | 　所有者权益合计 | |
| 资产总计 | | 负债及所有者权益总计 | |

2. 广东裕美家具有限公司2023年有关损益类账户的发生额,如表16-4所示。

**表16-4　　　　各损益类账户发生额表(结转到本年利润前)**

2023年　　　　　　　　　　　　　　金额单位:元

| 损益类账户 | 12月份发生额 | 1～11月累计发生额 |
| --- | --- | --- |
| 主营业务收入 | 800 000 | 8 500 000 |
| 主营业务成本 | 500 000 | 6 550 000 |
| 税金及附加 | 40 000 | 750 000 |
| 其他业务收入 | 90 000 | 800 000 |
| 其他业务成本 | 75 000 | 650 000 |
| 管理费用 | 10 000 | 960 000 |

(续表)

| 损益类账户 | 12月份发生额 | 1~11月累计发生额 |
|---|---|---|
| 财务费用 | 2 000 | 60 000 |
| 销售费用 | 6 000 | 405 000 |
| 投资收益 | 25 000 | 1 500 000 |
| 营业外收入 | 16 500 | 0 |
| 营业外支出 | 9 500 | 150 000 |

根据表 16-4 的资料,计算裕美家具公司 2023 年利润表(简表),如表 16-5 所示有关项目的金额(企业所得税税率为 25%)。

**表 16-5** 利润表(简表)

编制单位:裕美家具有限公司　　　　　2023 年　　　　　　　　金额单位:元

| 项目 | 2023年12月金额 | 项目 | 2023年金额 |
|---|---|---|---|
| 营业利润 | (1) | 营业利润 | (5) |
| 利润总额 | (2) | 利润总额 | (6) |
| 所得税费用 | (3) | 所得税费用 | (7) |
| 净利润 | (4) | 净利润 | (8) |

3. 2023 年 12 月 31 日,广东利丰实业有限公司总分类账户期末余额,如表 16-6 所示,相关明细分类账户期末余额,如表 16-7 所示。

**表 16-6** 总分类账户期末余额表

2023 年 12 月 31 日　　　　　　　　　　　　　　　　金额单位:元

| 账户名称 | 借方余额 | 账户名称 | 贷方余额 |
|---|---|---|---|
| 库存现金 | 500.00 | 短期借款 | 30 000.00 |
| 银行存款 | 8 500.00 | 应付账款 | 5 000.00 |
| 短期投资 | 7 000.00 | 预收账款 | 500.00 |
| 应收票据 | 0 | 应付利润 | 11 500.00 |
| 应收账款 | 11 500.00 | 应付职工薪酬 | 17 350.00 |
| 预付账款 | 2 350.00 | 应交税费 | 30 000.00 |
| 其他应收款 | 500.00 | 其他应付款 | 4 500.00 |
| 原材料 | 13 500.00 | 累计折旧 | 10 000.00 |
| 生产成本 | 4 000.00 | 长期借款 | 15 000.00 |
| 库存商品 | 10 000.00 | 其中:1年内到期 | 5 000.00 |
| 长期债券投资 | 100 000.00 | 实收资本 | 140 000.00 |

(续表)

| 账户名称 | 借方余额 | 账户名称 | 贷方余额 |
|---|---|---|---|
| 固定资产 | 200 000.00 | 盈余公积 | 11 040.00 |
| 长期待摊费用 | 2 000.00 | 未分配利润 | 84 960.00 |

表 16-7　　　　　　　　　有关明细分类账户期末余额表
　　　　　　　　　　　　　　　2023 年 12 月 31 日　　　　　　　　　金额单位:元

| 账户名称 | 借或贷 | 余额 | 账户名称 | 借或贷 | 余额 |
|---|---|---|---|---|---|
| 应收账款 | 借 | 11 500.00 | 应付账款 | 贷 | 5 000.00 |
| ——A 公司 | 借 | 5 000.00 | ——D 公司 | 贷 | 3 500.00 |
| ——B 公司 | 贷 | 1 000.00 | ——E 公司 | 借 | 2 500.00 |
| ——C 公司 | 借 | 7 500.00 | ——F 公司 | 贷 | 4 000.00 |
| 预收账款 | 贷 | 500.00 | 预付账款 | 借 | 2 350.00 |
| ——H 公司 | 贷 | 2 000.00 | ——K 公司 | 借 | 2 500.00 |
| ——J 公司 | 借 | 1 500.00 | ——L 公司 | 贷 | 150.00 |

根据表 16-6 和表 16-7 的资料,编制利丰公司 2023 年 12 月 31 日资产负债表,如表 16-8 所示。

表 16-8　　　　　　　　　　　　资产负债表
编制单位:利丰实业有限公司　　　2023 年 12 月 31 日　　　　　　　金额单位:元

| 资产项目 | 期末余额 | 年初余额 | 负债及所有者权益项目 | 期末余额 | 年初余额 |
|---|---|---|---|---|---|
| 流动资产: | | | 流动负债: | | |
| 货币资金 | | | 短期借款 | | |
| 短期投资 | | | 应付票据 | | |
| 应收票据 | | | 应付账款 | | |
| 应收账款 | | | 预收账款 | | |
| 预付账款 | | | 应付职工薪酬 | | |
| 应收利息 | | | 应交税费 | | |
| 应收股利 | | | 应付利息 | | |
| 其他应收款 | | | 应付利润 | | |
| 存货 | | | 其他应付款 | | |
| 其他流动资产 | | | 其他流动负债 | | |
| 流动资产合计 | | | 流动负债合计 | | |
| 非流动资产: | | | 非流动负债: | | |

(续表)

| 资产项目 | 期末余额 | 年初余额 | 负债及所有者权益项目 | 期末余额 | 年初余额 |
|---|---|---|---|---|---|
| 长期债券投资 | | | 长期借款 | | |
| 长期股权投资 | | | 长期应付款 | | |
| 固定资产原价 | | | 其他非流动负债 | | |
| 减:累计折旧 | | | 非流动负债合计 | | |
| 固定资产账面价值 | | | 负债合计 | | |
| 在建工程 | | | 所有者权益: | | |
| 工程物资 | | | 实收资本(或股本) | | |
| 固定资产清理 | | | 资本公积 | | |
| 生产性生物资产 | | | 盈余公积 | | |
| 无形资产 | | | 未分配利润 | | |
| 开发支出 | | | 所有者权益合计 | | |
| 长期待摊费用 | | | | | |
| 其他非流动资产 | | | | | |
| 非流动资产合计 | | | | | |
| 资产总计 | | | 负债及所有者权益总计 | | |

4. 广东利丰实业有限公司2023年度有关损益类账户的本年累计发生额,如表16-9所示。

表16-9　　　　　　　　　　各损益类账户本年累计发生额表

2023年　　　　　　　　　　　　　　　　　　　　金额单位:元

| 收入类账户 | 贷方发生额 | 费用类账户 | 借方发生额 |
|---|---|---|---|
| 主营业务收入 | 1 250 000.00 | 主营业务成本 | 750 000.00 |
| 其他业务收入 | 50 000.00 | 其他业务成本 | 30 900.00 |
| 投资收益 | 31 500.00 | 税金及附加 | 2 000.00 |
| 营业外收入 | 50 000.00 | 销售费用 | 20 000.00 |
| | | 管理费用 | 157 100.00 |
| | | 财务费用 | 41 500.00 |
| | | 营业外支出 | 19 700.00 |
| | | 所得税费用 | 85 300.00 |

根据表16-9的资料,编制利丰公司2023年度利润表,如表16-10所示。

表 16-10　　　　　　　　　　　　　　　利　润　表
编制单位:利丰实业有限公司　　　　　　2023 年　　　　　　　　　　　金额单位:元

| 项目 | 本年累计金额 | 上年金额 |
| --- | --- | --- |
| 一、营业收入 | | |
| 　减:营业成本 | | |
| 　　　税金及附加 | | |
| 　　　销售费用 | | |
| 　　　管理费用 | | |
| 　　　财务费用 | | |
| 　加:投资收益(损失以"－"号填列) | | |
| 二、营业利润(损失以"－"号填列) | | |
| 　加:营业外收入 | | |
| 　减:营业外支出 | | |
| 三、利润总额(亏损总额以"－"号填列) | | |
| 　减:所得税费用 | | |
| 四、净利润(净亏损以"－"号填列) | | |

## 【职场拓展】

### 95 后糖艺女孩:开启"甜蜜事业"

因为技能,小镇女孩陈浇琳站上了技能大赛的世界舞台,获得了第 44 届"世界技能大赛"全国选拔赛"糖衣/西点制作项目"第二名。25 岁的陈浇琳,用糖艺创业,开了一家新奇别致的甜品小店,也开启了自己的"甜蜜事业"。

糖艺比较少见,因为它的门槛比较高,从熬糖开始就要熬到 180～200℃,熬完之后让它冷却,在 80～90℃操作的范围内,塑造一些花、动物和一些小配件。糖艺技能是从拉丝、吹球这些技能当中演变来的。吹球温度控制不好的话就会(爆)。对于糖艺的造型,要考虑它的重心,向前倒或者向后倾都不行。

陈浇琳说:"这对我自己开店影响很大,技能给我底气去创业。我们会运用高标准,严格地制作产品。母亲节当天,我们接了 130 多个蛋糕的订单,当天晚上整个朋友圈都是我们的蛋糕,专业服务于顾客,给大家带来很多开心和快乐,看到顾客满面笑容地离开,觉得非常值得。"

(资料来源:央视新闻客户端.技能成就出彩人生! 看 95 后如何"花式"就业[EB/OL].(2022-07-19) http://content-static.cctvnews.cctv.com/snow-book/index.html? item_id=1369272073764326463&t=1658173386280&toc_style_id=feeds_default&share_to=copy_url&track_id=260c0602-fec8-4084-aaad-2884ae215382.)

思考:请问该故事道出了怎样的人生哲理?

# 主要参考文献

[1] 罗绍明.小企业财务会计[M].3版.立信会计出版社,2020.
[2] 罗绍明.小企业财务会计实训[M].3版.立信会计出版社,2020.

# 职业教育会计专业营改增系列教材

1. 会计基础
2. 会计基础实训
3. 小企业会计基础
4. 小企业会计基础实训
5. 新编企业财务会计(第二版)
6. 新编企业财务会计实训(第二版)
7. 企业会计岗位综合实训(第二版)
8. 小企业财务会计(第四版)
9. 小企业财务会计实训(第四版)
10. 小企业会计岗位综合实训(第二版)